动力设备操作

倪科军　孙　飞　主　编
谢以超　任德夫　主　审

大连海事大学出版社

图书在版编目(CIP)数据

动力设备操作 / 倪科军,孙飞主编 .—大连 : 大连海事大学出版社, 2014.4
(2025.7 重印)
ISBN 978-7-5632-2995-6

Ⅰ.①动… Ⅱ.①倪… ②孙… Ⅲ.①船舶机械—动力装置—操作—高等职业教育—教材 Ⅳ.①U664.1

中国版本图书馆 CIP 数据核字(2014)第 060645 号

大连海事大学出版社出版

地址:大连市黄浦路523号 邮编:116026 电话:0411-84729665(营销部) 84729480(总编室)

http://press.dlmu.edu.cn E-mail:dmupress@dlmu.edu.cn

大连金华光彩色印刷有限公司印装　　大连海事大学出版社发行

2014 年 4 月第 1 版　　2025 年 7 月第 3 次印刷

幅面尺寸:184 mm×260 mm　　印张:10.5

字数:257 千　　印数:2001~2500 册

出版人:余锡荣

责任编辑:于孝锋　　责任校对:刘长影

封面设计:王　艳　　版式设计:解瑶瑶

ISBN 978-7-5632-2995-6　　定价:25.00 元

前 言

为了适应国际海事组织STCW公约对轮机人员的要求，按照《STCW公约马尼拉修正案过渡期规定实施办法》和《中华人民共和国海船船员适任评估规范》，我们编写了这本《动力设备操作》实训教材。

船舶动力设备操作实训项目是船舶轮机工程技术专业和船舶电气工程技术专业的学生在学习主推进动力装置、船舶辅机和船舶管理等专业基础课之后必修的一门专业主干课程。本书共分为七个项目，主要内容包括主柴油机操作与管理、船舶发电柴油机操作与运行管理、燃油辅锅炉的操作与运行管理、船舶制冷装置操作与运行管理等。其主要目标是使学生掌握船舶各种设备的实际操作、调试、故障判断及修理，并初步养成解决实际问题的能力。

本教材由浙江交通职业技术学院倪科军、孙飞主编，由浙江交通职业技术学院谢以超、浙江海事局任德夫主审。其中倪科军编写项目一、二、七，孙飞编写项目三、四，台州海运有限公司王金法编写项目五，浙江国际海运职业技术学院倪科鸿编写项目六。

本教材在编写过程中，得到兄弟院校同仁的大力支持，在此表示诚挚的谢意！

限于编写人员经历及水平，书中错漏之处在所难免，敬请使用本教材的师生和广大读者批评指正。

编 者

2014年1月

目　录

项目一 主柴油机操作与管理

●能力目标

1. 船舶开航前对主机进行正确备车。
2. 主机定速后对各参数的检查与调整。
3. 船舶定速后能担任巡回检查的工作。
4. 主机运行中各工况的检测及正确分析。

任务一 船舶主柴油机开航前备车准备工作

备车通常是指在开航前使船舶动力装置及相关设备处于随时运行状态,准备执行驾驶台发出的各种指令。当船舶在特殊水域及海况下,以及过运河和关键航行设备发生故障时,根据船长或轮机长指令也需要备车。备车和机动操纵是轮机技术管理工作中最重要的环节,它对柴油机动力装置的可靠性、经济性、维修性和使用寿命有直接影响。备车和机动操纵是为了使船舶在开航前和开航后尚未定速航行前,使船舶动力装置处于随时都能启动、停车和进入各种运行的状态。

一般情况下,因船舶动力装置类型、功率的不同,备车所需的时间长短不一,大致范围在0.5~1 h之间。对于船舶柴油机动力装置,应提前1~2 h备车。

一、前期准备

因动力装置的布置不同,备车的程序有所区别,但备车的内容大致相同。其主要包括值班驾驶员和轮机员会签确认开航时间;在规定的开航时间1~2 h前核对时钟、车钟和对舵;暖机、各动力系统准备;转车、冲车、试车等;待备车工作结束并经机、驾双方确认后,轮机员操纵车钟手柄将车钟指针摇至“STOP”位置,驾驶台车钟指针跟至并对正“STOP”位置,则表示轮机备车完毕,随时可以按车钟指令的要求操纵主机,并将情况分别记入轮机日志及车钟记录簿,如图1-1-1所示。

图1-1-1 船舶主柴油机

二、各系统准备

1. 压缩空气系统准备

(1)当值轮机员应将主、辅空气瓶充气至规定压力,放掉气瓶中的水和残油。备车时通常采用手动操作的方法启动空压机。严格控制进入空气瓶的空气温度,不得高于40 ℃,未经冷却的压缩空气禁止充入空气瓶。

(2)开启空气瓶出口阀、主停气阀,将主启动阀置于“自动”位置。对气控关闭的排气阀,其压力空气应在滑油泵启动前供应。

(3)打开通至汽笛的空气出口阀,以备驾驶台随时使用。

2. 滑油系统准备

在开航前备车时,滑油系统的准备工作是非常重要的,操作步骤如下:

(1)检查滑油油位。如循环柜、增压器油液观察镜(或油柜)、艉轴润滑和密封装置油位及各中间轴承的滑油油位。

(2)开启滑油分油机,并加热滑油。此项工作最好提前数小时进行。

(3)启动主滑油循环泵、凸轮轴油泵或凸轮轴升压泵,进行油压的检查和调整,以便将滑油送至各润滑表面,使滑油中的固体微粒和杂质在主机开车之前汇集到滤器中,减少运转后的磨损。滑油系统的驱气工作十分重要,不可忽视,通常可在系统的高位滑油滤器上进行放气。

(4)对油冷活塞,当循环泵开动后,活塞温度会逐渐升高,所以也起到暖机作用。此时,应注意观察各缸活塞的回油流量和温度,各缸活塞回油流量和温度相差不能过大。

(5)废气涡轮增压器若属于独立式润滑系统,应开动透平油泵使滑油循环,通过观察镜检查油流情况。

(6)检查气缸油柜油位,检查气缸注油器是否充满油,手动检查气缸注油器工作情况。在柴油机冲车前的盘车过程中,应摇动气缸注油器(约50次),将滑油预先送到气缸壁周围,减少启动时气缸壁的磨损。

(7)检查和注满各活动部件和启动空气系统主要阀件的润滑油杯,检查各注油点并注入滑油或油脂。

3. 燃油系统准备

(1)加热燃油日用柜、沉淀柜和使用中的燃油舱中的燃油,并注意调节上述舱柜的油温至规定温度。

(2)检查主机沉淀柜及轻、重油日用柜油位,油位较低时应及时补油,并注意放残。

(3)启动燃油分油机净化并加热燃油。各油柜蒸气阀开度要适宜,预热温度要在规定的范围内。此项工作可提前数小时进行。

(4)检查轻、重油转换阀启闭状态。备车时开启柴油阀,关闭重油阀。

(5)检查燃油系统阀门位置正常后,开动燃油输油泵、燃油循环泵(如果是重油停车,此泵已在运转),使燃油循环流动并驱气,检查燃油压力。

(6)如果是在重油停车状态,应加热燃油使其进机温度上升到使用温度,确保燃油进机黏度控制在12~25 mm^2/s。

(7)主管轮机员在机舱记事板上注明各油舱的存油量及使用分配情况,开航前轮机长应将本船现存轻、重油总量以书面形式向船长报告,以备开航前报告海关。

4. 冷却系统准备

(1)检查冷却水系统中各阀门,使之处于正常状态。

(2)检查主机膨胀水柜、活塞冷却水柜(水冷式活塞)、主机喷油器冷却水柜的水位,水量不足时应补充到规定的水位。

(3)切换暖机冷却水连通阀,或启用蒸气加热器或电加热器加热暖机。

(4)提前15~30 min启动主机淡水(循环)泵,并驱除系统内气体。检查并调整好水压。

(5)对水冷活塞,应开启活塞冷却水泵,同时应注意观察各缸活塞冷却水的流动情况,检查其循环情况(流量及温度)。

三、盘车与冲车

1. 盘车

(1)用电话或用车钟联络,征得驾驶台值班驾驶员的同意。

(2)开启主机各缸示功阀。

(3)检查气缸盖(含气阀)、飞轮、轴系等各处无阻碍物。

(4)合上转车机,按下启动按钮进行转车操作。注意察看转车机电流表读数是否正常;注意倾听机器运动各部件和轴系有无异响并检查有无卡阻现象。一般要求正、倒车各转车1~2转,转车期间应自动或手动操纵注油器向气缸注油润滑。

(5)确认机器正常后停止转车机,并使转车机与主机脱开,确认连锁装置释放,并将转车机锁在脱开位置。

注意:转车应在柴油机启动前进行,与启动的间隔时间应尽可能短些,提前时间不应超过30 min。

2. 冲车

为检查启动系统是否正常及气缸内有无异物,在试车前应冲车:

(1)开启气瓶上的主出气阀,并同时开启进机管系上的截止阀。

(2)根据不同机型采用进气不进油的方式使柴油机回转。

(3)观察柴油机能否正常回转。

(4)冲车期间注意观察气缸冲出气体中是否有杂物、残水和积油等从示功阀处吹出,对有异常的地方应查明其原因,及时处理。

(5)同时应注意观察主机、增压器的转动是否平稳,有无其他异常响声。

(6)冲车完毕后应关闭示功阀。

注意:需察看示功阀处有无大量积水冲出。

具体操纵手柄见图1-1-2。

四、试车

试车的目的是检查启动系统、换向装置、燃油喷射系统、油量调节机构、调速器、主机各部件及其系统、轴系和螺旋桨等是否工作正常。操作步骤如下:

(1)用电话通知值班驾驶员准备试车。

(2)摇车钟“倒车”去驾驶台,得到“倒车”回令后进行“换向”(至倒车位),然后操作主机启动,供油在微速下运转数转后,摇车钟“停车”去驾驶台,得到回令后将车停下。

(3)摇车钟“正车”去驾驶台,得到“正车”回令后进行“换向”(至正车位),然后“正车”启动,慢速运转几转后,摇车钟“停车”去驾驶台,得到回令后将车停下。

上述操作遵循一个共同的规律,即:启动—调速—停车—换向—(反向)启动—调速。在换向和启动过程中,应注意观察换向装置、启动装置、调速器及油量调节机构等动作是否灵活、正常。同时注意各缸发火是否正常和主机运转是否有不正常响声。试车结果若发现不正常情况,应及时查明原因并予以消除。对于直流扫气的二冲程柴油机,还应检查气阀机构等运动部

图 1-1-2 主机操纵台

件的工作状态是否正常。

(4)确认主机正、倒车运转正常后(尤其是发火声音),用电话告诉驾驶台主机备车工作完毕。此时,车钟回令手柄停在停车位置,船舶可随时起航。轮机员不应远离操纵台,应使机电设备始终处在当值轮机员的监管之下,并与驾驶台保持联系。如果主机采用驾控方式,将遥控旋钮转至“驾控”位置。

五、完成备车

待空气瓶压力充至规定值,把车钟置于正确位置确认备车完成(主机处于立即可用状态)。

任务二 船舶主柴油机启动后的参数监测与调整

柴油机稳定运转后,评价一台柴油机技术状态和运转性能的主要依据是燃料在气缸中的燃烧状况和各缸负荷分配的均匀程度,以及各零部件和系统的工作情况。为了保证柴油机及其装置始终处于正常技术状态,在柴油机运转中应做好以下工作。

一、冷却水系统的监测和参数调整

(1)要注意检查主机冷却淡水的温度。对大型主机,冷却淡水的出机温度应在65~80 ℃范围内,进出口温差应不大于12 ℃。主机刚启动时,由于负荷不大,水温尚低,不必开启主机海水泵。主机长时间运行后,水温升高时应及时开启主机海水泵,用海水冷却淡水,并可通过冷却器旁通阀来调节水温。海水出口温度不应超过50 ℃,以免盐分析出而沉积成垢影响传热。

(2)要注意检查主机膨胀水箱的水位是否在规定范围内,不足应补水。水消耗过大、水位下降速度过快时,必须立即查明冷却水泄漏的原因并予以排除。

(3)要注意查看膨胀水箱的透气管是否有大量的气体出来,并留意气体是否有烟味。经常观察气缸盖、活塞的冷却水回水视流器等有无气泡。如有烟味、气泡等不正常情况出现,说明气缸盖、垫片、气缸套、活塞可能有裂纹,应立即寻找原因并采取措施。

(4)要检查冷却淡水的压力,并要求其压力略高于冷却海水的压力。

(5)主机启动后,随着时间的推移、负荷的增大,考虑到主机冷却淡水、润滑油以及扫气冷却的需要,应及时开启主机海水泵,通过海水泵的出口阀来调节其流量和压力。缸套冷却水的温度可通过计算机及变频器自动调节高温淡水泵的转速来控制,也可通过中央冷却器淡水管路旁通阀或海水管路旁通阀进行手动调节。注意手动调节冷却水温度时不应过快过急。主机在港口或浅水道航行时应使用高位海底阀,船舶进入深水区后应换用低位海底阀。

二、润滑系统的监测和参数的调整

(1)要特别注意检查主机润滑油的压力。对中、小型机,润滑泵一般是轴带的,由于主机转速的变化而使其压力波动很大,当转速过低时会引起滑油压力偏低,尤其是在柴油机启动操纵时,这时应启用备用滑油泵;当转速波动不是很大时,可通过备用滑油泵的调压阀来调节滑油压力。当主机转速较高或定速航行时,可停用备用滑油泵。对于独立于主机的滑油泵可通过其调压阀来调节滑油压力,且不因主机转速的变化而波动。低速机的滑油压力一般为0.15~0.4 MPa(主滑油循环泵出口压力),滑油压力应高于冷却水(如海水或低温淡水)压力。

(2)要注意检查主机润滑油的温度。大型低速机在滑油冷却器前温度控制在50~55 ℃,不超过60 ℃,冷却器前后温差为10~15 ℃。对于高、中速柴油机,滑油压力与温度值均稍高些。当滑油温度过高时应及时开启主机海水泵,并可通过主机滑油冷却器的旁通阀来调节,如温度较低时可开大旁通阀。

(3)要注意检查滑油循环柜油位,若油位发生变化应及时查明原因并排除故障。如发现油位很快下降,则说明有泄漏之处;反之如油位升高,则说明水或燃油有漏入曲轴箱内的可能,此时应结合膨胀水箱的水量消耗情况加以判断。这时,可要求减速或停车,尽快查明原因并加以消除。

(4)对油冷式活塞的回油应保持稳定,油量不足或中断均能造成活塞烧蚀和咬缸,若发现问题,应及时处理。

(5)对油泵和滤器前后压差的变化要注意检查,如果滤器前后压差过大,则说明滤器被脏物堵塞，应立即转换滤器并注意放气。滤器清洗后须驱气才能转入系统工作。加强自动清洗滤器的管理，使之始终处于有效的工作状态。

(6)主机机动操纵时，如长时间低速运行，为了防止气缸油过量，对于供油量可调的气缸注油器应将油量调低，待定速运转后再恢复正常供油量。运转中确保气缸注油器的工作正常，及时加油。当发现视油管油滴很小或不出油时，应及时设法消除，严防断油。应经常打开扫气箱下端的放污阀，将刮下的气缸残油及时放掉。

(7)主机启动后，应经常用手触摸曲轴箱道门，看温度是否正常，从而判断主轴承等工作是否正常，油路是否阻塞。要避免因滑油过少而引起轴承过热。

(8)定期检查推力轴承的油温(通常不大于 70 ℃)，检查各中间轴承油位、油温，艉轴重力油柜液位、油温，艏艉密封装置油柜和循环柜油位等。

(9)对非压力式润滑的各活动部件要定时加注滑油或油脂。如人工注油润滑的进、排气阀杆要按时注油，防止过快磨损或咬死。

三、燃油系统的监测和调整

(1)主机启动后，应注意检查燃油温度。机动航行时，燃油进机前要有合适的黏度范围，低速机要求的范围是 12~25 mm^2/s，中速机要求的上限是不超过 20 mm^2/s。主机燃用轻油可依据黏度的要求，略微加温或不加温。在管理中，可用人工调节蒸汽供给量控制燃油雾化加热器燃油出口温度，现代船舶柴油机都用黏度计自动控制燃油进机黏度。

(2)注意检查燃油的压力值。在油温变化、轻重油转换时，燃油压力常会发生变化。当燃油压力超出规定值时，应通过调压阀来控制油压。对于不正常的油压变化，应迅速查明原因，及时采取措施。如燃油滤器前后的压差上升较快或达到正常值以上时(滤器的进出口压差的正常值为 0.05~0.10 MPa)，应立即转换并清洗滤器，并注意驱除气体，避免压力波动。

(3)要定期给重油沉淀柜、重油日用柜和轻油日用柜放残水。

(4)要注意补充日用柜的轻油或重油。定期开启燃油分油机和轻油分油机，做好驳油和分油的工作。要注意调节好分油时的加热温度。

(5)要经常检查喷油泵和喷油器的温度，用手触摸检查高压油管的脉动情况。

(6)要注意检查并记录好燃油流量表的读数。

(7)主机启动后进入定速航行或船舶进港机动操纵前 1 h，应进行轻重油转换的换油操作。操作时要防止油温突然升高或降低，否则会引起喷油泵的柱塞或喷油器的针阀卡住或咬死。

四、增压系统的监测和参数调整

(1)检查增压器润滑系统的油压、油温和油位，参数应在规定的范围内。

(2)检查增压器的转速、增压压力值。大风浪航行时应注意适当放气，减少扫气箱背压；主机减速时，防止增压器喘振。

(3)检查增压器运转的平稳性，仔细倾听有无不正常的声音。

(4)检查中冷器的冷却状况。注意扫气温度应略高于机舱温度，以防止扫气箱凝水出现。

可通过调节中冷器冷却海水流量调节阀来控制温度，如当扫气温度偏高时，可关小旁通阀以增加冷却海水流过中冷器的流量。注意主机在机动操作时，一般不要对增压空气进行冷却，以利于主机的启动和发火燃烧；当进入定速航行时或增压空气温度超过规定值时，才启用空气冷却器，对增压空气进行冷却。

(5)检查压气机端消音滤网和空冷器前后压差。此压差直接反映出滤网和空冷器的脏污程度。

(6)检查废气涡轮增压器的排气温度，决不允许超出规定值，否则主机应减速并查明原因。

五、主机排气温度的检测及调整

主机排气温度一般由集控室或机旁温度计检测得到，对此应对自这两处获得的同名缸的排气温度进行比较与分析。排气温度的大小一般反映的是柴油机气缸内热负荷的大小，若排气温度较正常值下降或升高，应及时查找原因。当排气温度超过正常值时，如果主机的其他各系统均正常地工作，一般可认为是主机超负荷，应及时减小油门。

任务三
船舶定速后主机的巡回检查

一、概述

当船舶起航后接到驾驶台通知定速航行时，视情进行轻、重油转换操作，同时进行海底阀门的切换操作。

二、巡回检查

船舶定速航行后，轮机管理人员的主要任务是，应使柴油机及其装置处于正常的技术状态。出现故障应在短时间内消除，以尽快恢复航行。在运行管理中，值班人员应集中精力、遵守操作规程，按要求进行巡回检测，使各种技术参数处在正常范围内，并做好值班和交接班工作。

主机在定速运行时应做好下述五个方面的工作：

(1)执行驾驶台的命令，操纵好主机。按照要求认真填写轮机日志和车钟记录簿。

(2)做好航行值班的交接工作。交班前当值人员应做好运转设备的清洁工作，对运转设备做全面仔细的检测，并将主要技术参数，本班所发生的问题、处理方法、处理结果，轮机长的命令和专门指示，驾驶台的通知等记入轮机日志；将油舱、油柜的预热加温、驳运、净化分离，以及舱底水水位、污油水舱(柜)液位和防污设备的使用情况向接班人详细交代。接班人在进入机舱之前,首先观察烟囱排气颜色、舷外水的排出和海面情况,进入舵机间检查舵机及其附属设备。进入机舱后按最合理巡检路线检测各设备。最后查看轮机日志,听取交班人员的情况介绍。经接班人同意后,交班人员方可离开机舱。

(3)调整并保持主机的各种运行参数在规定的范围内。及时处理好主机运行时所出现的问题和故障。

(4)做好主机的日常养护管理工作:定期向人工加油部位加油、补油,如气缸注油器中间轴承等;定期疏放燃油日用柜、沉淀柜、扫气箱及中冷器的残水;做好燃润油料的驳运、净化等工作。

(5)按时进行巡回检查,一般每 30 min 进行一次。

三、巡回检查的方式

按热力检查、机械检查和参数类别方式等进行巡回检查。

1. 热力检查

热力检查是为了检查和确定柴油机各缸燃烧情况及负荷分配的均匀程度。这是柴油机正常运转、可靠工作的必要保证,也是衡量柴油机运转性能和技术状态的主要内容之一。

在柴油机运转期间,应注意喷油设备技术状态的变化,特别是喷油器性能不良常引起气缸燃烧恶化和各缸负荷的变化。对喷油器的检查可以通过检测排气温度、观察排气烟色及打开示功阀观看火焰情况等方法进行。

(1)检查排温。各缸排气温度值要按说明书的要求限定,也可以参照试航报告在各负荷下所测得的数据与主机实际运行数据进行对比,找出排气温度升高的原因。各缸排气温度最大温差不应超过平均值±5%。

(2)检查冷却液温度。检查排温的同时应检查各缸冷却水、活塞冷却液及废气涡轮增压器冷却水出口温度。各缸冷却液出口温度与平均温度相比较,最大温差要小于 5 ℃。

(3)测取各缸示功图。在柴油机状态良好的情况下,排气温度只能大致反映出各缸燃烧的状态及喷油设备的情况,了解负荷分配的大概状况。为了确知各缸负荷的分配是否均匀,还应在适当时机测取各缸示功图,确定最高燃烧压力和计算平均指示压力,分析和判断各缸负荷的大小和分配是否均匀。通过测取展开示功图和手拉示功图可以确定纯压缩压力、发火始点和整个燃烧过程之后,根据实测数值对各缸负荷作适当调节。

(4)测量油耗。为了更可靠地掌握柴油机的热力过程,最好在测示功图的同时进行油耗测定,作为衡量柴油机维护管理水平的标准之一。

(5)检查增压系统。增压空气的压力、温度,空冷器前后增压空气压差是判断柴油机燃油燃烧状况、排气温升的主要依据,许多船舶柴油机都因空冷器水侧、气侧(尤其是气侧)脏堵引起排气温度升高及增压器喘振。

(6)制作排气烟色图。排气烟色图制作简单且实用,可按如下方法进行:将一张湿软的白纸固定于平板上,置于经清洁冲刷过的示功阀上方约 5~6 mm 处,让排气对它熏染 10 s 左右。正常的排气烟色图应仅仅显示轻度的黑色,排气几乎无烟灰。若在纸上显示较浓的黑色并附有淡黄色,表明排气中因气缸内的燃烧不完全而含有太多的灰烟,应首先检查喷油器;若在纸上显示浓黑色并附有黄色,表明是因喷油设备或增压空气系统发生故障而引起雾化质量或空气不足;若在纸上见到有喷射斑迹,尤其是当柴油机在较高负荷下运转时,则表明该缸的燃烧有问题,除应检查喷油设备和增压空气系统外,还应检查活塞环工作是否正常。建议将排气烟色图保存起来,以供比较。

2. 机械检查

机械检查是为了保证发动机各部件和系统均处于正常的技术状态。

看、摸、听、闻是管理者进行检查的最直接、简便的手段,优秀的轮机员能通过人体的感觉器官判断出故障发生的苗头并及时排除,保证机械设备正常运行。不正常的运转声响可导致机件受损;异常温差反映出机器或系统内部存在问题;刺激性气味表明机械设备温度异常高或滑油变质;运行中经常边巡检边触摸机器外部机件,从温差、振动、脉动等角度判断各设备的工作是否正常。机械设备连接处、阀件等的泄漏要及时发现并迅速查明原因予以解决。

为了确保机器各部件处于正常的技术状态,除加强日常维护管理外,在航行中应加强各主要系统的管理。可参照下述的指示执行巡回检查:

(1)检查操纵台仪表板上主机运行的各参数值。检查主机的热力参数和各系统的运行情况,如压力、温度、转速等值,必要时进行调整,如图 1-3-1 所示。

图 1-3-1 操纵台

(2)检查主机润滑系统。主机滑油循环柜的油位必要时应予补充,并注意油量的消耗,此外尚需检查滑油循环柜中是否有水混入。加强滑油分油机的管理,保证滑油的分离净化,油质符合使用要求。为了确定滑油的质量,每 3~4 个月定期取样化验,必要时全部滑油集中处理或更换。运转中确保气缸注油器的工作正常,防止断油。

定期检查推力轴承的油温，各中间轴承油温、油位，艉轴重力油柜液位、油温，艏艉密封装置油柜和循环器油位。对轴系润滑的滑油品质每3~4个月取样化验一次，不得超过6个月。

(3)检查冷却系统。巡回检查时，应注意主、辅机膨胀水柜，喷油器冷却水柜液位变化并注意水量的消耗。应按规定由大管轮每周化验一次主、辅机水质，按规定的标准投药处理，必要时须化验淡水舱水质，分析冷却水质变化的原因。

检查各缸冷却水出口温度，应符合说明书规定，温差应符合要求。如出现异常，应结合排气温度、喷油设备及增压系统的技术状态进行分析。冷却系统的自动温度调节器应始终保持正常工作状态。

(4)检查增压系统。注意检测增压器的转速、润滑和冷却情况及增压空气压力。

废气涡轮增压器是高速回转机械，在运行中要观察其运转的平衡性，有无异常振动和声响。对自带油泵式润滑系统要注意油位(轴承油应保持在玻璃镜1/2处)、油质及油泵排出情况的检测，根据情况及时添加或更换滑油。应注意强制式润滑系统中油柜的液位、循环泵的运行状况、滤器前后的压差、观察镜中油流情况等，滑油压力、温度应随时观察并根据具体情况进行调节。

压气机流道和废气流道应按说明书规定的时间间隔喷水冲洗，废气涡轮增压器也必须按说明书的规定定期解体清洗。

检查空冷器出口的扫气温度，不得低于25 ℃或高于45 ℃。定期清洗空气冷却器的空气侧；水侧的清洗较方便，但也必须定期人工清洗。

(5)检查燃油系统。应注意检查各燃油舱合理使用，保持船舶的平衡；注意燃油的加温、驳运、沉淀、净化、储存和计量，按时放残水；应定期清洗燃油滤器，清洗后必须充油排气。当船舶在风浪天航行时，须加强滤器的转换和清洗，避免供油中断。

注意检查高压油泵、喷油器的工作状态和高压油管的脉动情况。综合考虑泵体发热、油管脉动以及排烟温度变化等情况，分析气缸内燃烧和喷油器的工作状态。

(6)检查空气瓶压力，应保持在规定范围内，定期放残。

(7)检查调速器的工作温度和油位，正常油位应保持在指示玻璃管的1/3~1/2处。

3.按参数类别进行的巡回检查

(1)液位检查。如膨胀水柜水位、燃油日用柜油位、燃油沉淀柜油位、滑油循环柜油位、凸轮轴(摇臂机构)油箱油位、调速器油位、增压器油位、传动齿轮箱油位等检查。

(2)压力检查。主机滑油压力、摇臂润滑油压力、传动齿轮箱滑油压力、主机缸套冷却水压力、高温淡水压力、低温淡水压力、海水压力、喷油器冷却油压力、增压空气压力、燃油进机压力、控制空气压力、空气瓶压力的检查与调整。

(3)温度检查。检查主机滑油各测量点温度、冷却水各测量点温度、喷油器冷却油温度、主机增压器增压空气温度、主机各缸排气温度、燃油系统各测量点温度、增压器滑油温度、调速器滑油温度。

(4)转速检查。检查主机转速、增压器转速。

(5)各运转设备工作情况的检查。

(6)放残注油。燃油日用柜、沉淀柜、空气瓶放残水；水、油系统放空气；各人工注油点加注润滑油。

任务四
主机完车操作

一、概述

主机完车是指船舶锚泊完毕后,驾驶台在较长一段时间内不使用主机。

到港前应确定主机是否需要换轻油。现代船舶主机燃油系统及燃油喷射系统的设计,一般允许主机在重油使用状态下停车。船舶到港时,一般在下列情况下需要换轻油:

(1)停机后需要进行燃油系统设备检修。

(2)船舶需进坞修理。

(3)停车时间5天以上。

(4)当地环保法规要求使用低硫燃油。

(5)换油操作一般应在机动操作用车前1 h进行。

二、完车具体操作步骤

当船舶进入停泊状态后,值班轮机员接到驾驶台"完车"指令时,表明主机不再动车,应按"完车"程序做好如下工作:

(1)将车钟放在"完车"位置,检查并确认主机燃油操纵杆放在停车位置,关停主机的辅助鼓风机。

(2)打开各缸示功阀,按下启动手柄(不供油)冲车,将气缸内残存的油气冲出。关闭启动空气系统的主停气阀、主启动阀、空气瓶出口阀,并将空压机转换到自动控制挡,空气瓶补气至规定压力。

(3)合上转车机转车15~30 min,并人工驱动气缸注油器向气缸表面注油。

(4)关闭控制和安全空气系统,并泄放系统中的空气。

(5)关闭主海水泵进出口阀及冷却器进口阀。

(6)关停燃油输送泵,关闭进、出口阀及日用柜出口阀。如重油停车,循环油泵应让其继续运行,并对燃油加热保温,温度可低于正常使用温度20 ℃,维持30 cSt的黏度。如轻油停车,则关闭循环泵。

(7)打开扫气箱和涡轮增压器透平侧处的放残旋塞。用防尘罩将压气机消音器滤网盖好。在船舶靠泊期间应用防尘罩将消音器滤网盖上,特别是装卸粉尘性货物或港口粉尘较大时,还要考虑停止机舱风机运转,关闭通风口,防止大量粉尘被吸入机舱。

(8)关掉温度、压力警报器及其他不使用的开关。

(9)让主滑油泵、淡水泵继续运转 15~20 min,充分带走运动表面的热量并使机体各部件均匀散热,避免因应力过大而发生故障。同时可以避免活塞头结炭。喷油器冷却泵及涡轮油泵也应继续循环一段时间后停掉。

对采用辅机循环冷却水暖机的主机,应在水温未降下之前及时转换接通辅机淡水管系,即打开主、辅机暖机管路上的暖机(连通)阀,并注意管路中各阀的开闭状态,注意先开后关。

确认主机和其他设备正常后,航行班结束,轮机员开始轮值锚泊班或靠泊班。

任务五 主机示功图测取与分析

一、概述

示功图是通过专门的测量仪器——示功器测量而来的。在示功图上,气缸内工质压力随气缸容积或曲轴转角而变化。它是研究柴油机气缸内工作过程完善程度的重要依据,也是用来计算柴油机指示功率的依据,同时还可作为柴油机动力计算和强度计算的资料。

通过示功图可研究缸内的燃烧过程、燃烧放热规律,计算缸内温度,评估扫气过程,计算柴油机指示功率,确定柴油机最大爆发压力和压缩压力等。它能以图像形式显示缸内的工作过程,而且测试仪器简单实用。因此在柴油机的测试中,示功图的测取占有非常重要的地位。

通常,应定期测取柴油机的示功图,且对测取的示功图进行计算和分析。根据其计算和分析结果来判断柴油机的工作性能,并对柴油机进行适当的调整,保证柴油机能在最佳状态下运转,提高其经济性、动力性和可靠性。

二、认识示功器

测取气缸示功图的仪器统称为示功器。根据其工作原理不同,示功器可分为机械示功器、气电示功器以及电子示功器。船上常用的是机械示功器、电子示功器。

(一)机械示功器

机械示功器是一种使用较早的示功器,它利用机械位移方法来测量缸内压力和活塞位移,目前在低速和部分中速柴油机上仍有使用。机械示功器按使用的示功弹簧形式不同,可以分为螺旋弹簧式、柱簧式及钢轴弹簧式三种。三者在结构原理上相同,不同的是所使用的弹簧形式各异。以下主要以螺旋弹簧式示功器为例来介绍机械示功器。

1. 机械示功器的结构

如图 1-5-1 所示为机械示功器结构原理图。

机械示功器由压力感受机构、转筒机构和记录机构三部分组成。压力感受机构包括小活

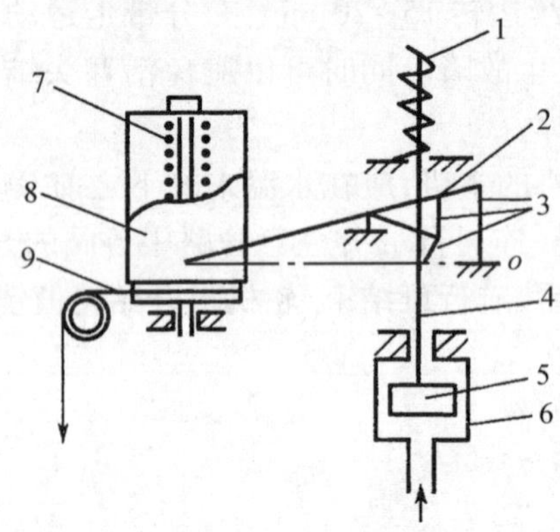

图 1-5-1　机械示功器结构原理图

塞 5 和缸套 6、活塞杆 4 及示功弹簧 1 等,用来感受缸内压力变化;转筒机构包括绳索 9、转筒弹簧 7、转筒 8 等,用来反映柴油机活塞位移;记录机构包括杠杆 3 和画笔机构 2 等,画笔的自由端装有铜笔尖。

当测量示功图时,转筒 8 上夹有示功纸并通过绳索 9 由柴油机曲轴或凸轮轴通过专设的示功器传动机构带动,绕其自身轴左右偏转,其偏转角位移量正比于柴油机活塞位移,即转筒转动的弧长代表按比例缩小的活塞行程的长度,反映柴油机活塞的行程。示功器小活塞 5 在缸内气体压力推动下于小气缸中上下移动,并被弹簧力所平衡。小活塞的运动通过活塞杆带动记录机构的传动杆和画笔运动,由记录机构反映其位移量,即按一定比例反映柴油机气缸内变化着的气体压力。

由于示功器中小活塞的上下移动与柴油机气缸中的气体压力的变化成比例,而转筒的转动也与柴油机活塞行程成比例变化,所以记录笔尖在转筒记录纸上可以绘出气缸内气体压力随活塞位移变化的图形,即压力-容积示功图(p-V 示功图)。

2. 示功小活塞和示功弹簧的选择

为了使机械示功器能在较广泛的压力范围内使用,一般备有三套活塞和一套不同刚度的弹簧。这三套活塞和缸套分别用标号 1/1(标准活塞直径为 20. 27 mm)、1/2(其面积为 1/1 活塞的 1/2,标准活塞直径为 14. 35 mm)和 1/5(其面积为 1/1 活塞的 1/5,标准活塞直径为 9. 06 mm)表示。为了便于识别,分别在示功气缸凸缘上用钢印注明 1/1、1/2、1/5 字样。在测 p-V 示功图时,若所测量最高爆发压力 P_z 在 5. 0~10. 0 MPa 之间,选用 1/5 小活塞;若 $P_z \leqslant$ 5. 0 MPa,则可换用 1/2 活塞;当测取反映换气过程的弱弹簧示功图时可选用 1/1 小活塞。

示功弹簧用弹簧比例 M(mm/MPa)标记,它表示缸内压力每变化 1 MPa 时弹簧的变形量(mm)。在测取 p-V 示功图时,弹簧比例的选择应根据所选定的示功小活塞标号和柴油机气缸内的最高爆发压力 P_z 大小来选择。选择弹簧时应注意使示功图具有合适的高度,就是使测取的示功图的最大高度接近于示功图纸的高度(如使用 50 型机械示功器,其记录转筒的高度为 50 mm),以保证示功图的精确度,有利于示功图的分析和计算;或者是使弹簧允许的最高压力与所测气缸最高爆发压力的差值最小。如已知柴油机的最高压力为 4. 0 MPa,应选用的弹簧比例为 12 mm/MPa,使 $p \times M \leqslant 50$ mm;并选用 1/5 小活塞。每一根弹簧都用钢印注明其比例,并打上相应配对使用的活塞(如:12 mm/MPa,Φ9. 06,1/5)。表 1-5-1 为示功弹簧的选择表,以做参考。

表 1-5-1 示功弹簧选择表

1/1	弹簧比例 mm/MPa	300	250	160	120	100	70	60	50	40	35	30	25	20	15
	最高爆发压力 MPa	0.05	0.1	0.2	0.3	0.4	0.6	0.8	1.0	1.2	1.4	1.6	2.0	2.5	3.0
1/2	弹簧比例 mm/MPa							30	25	20	17.5	15	12.5	10	7.5
	最高爆发压力 MPa							1.6	2.0	2.4	2.8	3.2	4.0	5.0	6.0
1/5	弹簧比例 mm/MPa							12	10	8	7	6	5	4	3
	最高爆发压力 MPa							4.0	5.0	6.0	7.0	8.0	10	12.5	15

3. 机械示功器的驱动机构

为了把柴油机活塞的运动规律按比例传给示功器转筒机构，必须设立专门的传动机构。由于示功器转筒的周长只有柴油机活塞行程的 1/5 ~ 1/20，因此传动机构不仅要正确反映柴油机活塞运动规律，而且还要将活塞的行程按比例缩小。所以，传动机构应满足：柴油机活塞行程缩小后的长度应与转筒的周长相适应，且略小于转筒周长；转筒的转动必须严格地与柴油机活塞的运动相对应，以便正确反映柴油机活塞运动规律。

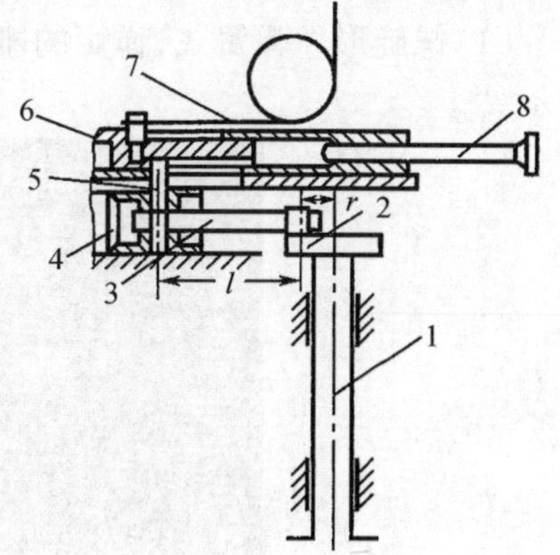

图 1-5-2 曲柄式传动机构原理图

安装在船上使用的大型低速柴油机的示功器传动机构有曲柄式、凸轮式和杠杆式三种。

(1)曲柄式传动机构，如图 1-5-2 所示。

测量时，将止动杆 8 拉出。立轴 1 上带有一圆盘 2，它们由柴油机曲轴（或凸轮轴）驱动。距圆盘中心 r 处有一偏心销与一长为 l 的小连杆 3 相连，组成小曲柄连杆机构，此机构与柴油机的曲柄连杆机构在几何尺寸上相似，即 $R/L=r/l$（R,L 为柴油机的曲轴半径和连杆长度）。活塞销 5 穿过缸套上的长孔带动滑块 6 与小活塞 4 一起做同步往复运动。滑块与连接示功器转筒的绳索 7 相连，它既受活塞销的带动，又受示功器转筒弹簧的拉动，保证了示功器转筒的运动规律。测量结束后则将其推入,以止动。

(2)凸轮式传动机构,如图 1-5-3 所示。

测量时,将示功器转筒绳索与导杆 3 通过拉钩相连。取下导杆 3 上的插销,滚轮 2 通过装在导杆上的弹簧 4 的作用落于凸轮 1 上。专设的示功凸轮 1 带动滚轮 2 和导杆 3 按柴油机活塞运动规律运动(专门设计和安装的示功凸轮能保证示功转筒与柴油机活塞的位移成比例和正时相一致)。测量结束后,将导杆提起,用插销通过壳套上的孔 5 插入导杆销孔 6 内,使滚轮不与凸轮接触,以防两者相互磨损。

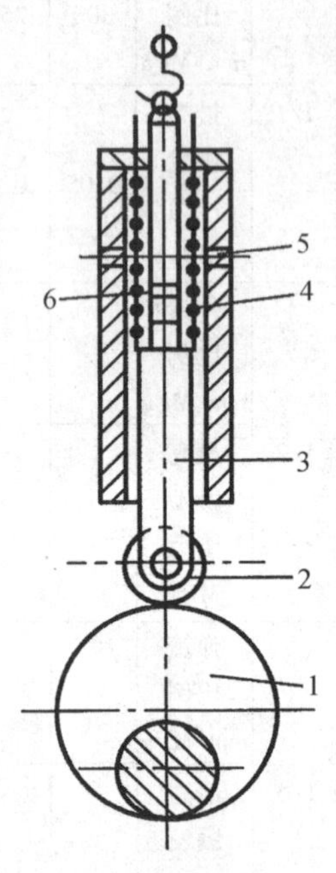

图 1-5-3 凸轮式传动机构原理图

(3)杠杆式传动机构。采用一套杠杆机构铰接在柴油机活塞或十字头上,按一定比例反映活塞的运动规律。此种传动机构虽然结构简单,但无法避免铰接处磨损而造成传动失真,因而目前很少使用。

4. 机械示功器的优缺点和适用范围

机械示功器使用已久,具有结构简单、工作可靠、使用方便等优点,至今仍是船上测取示功图的必备工具。

目前机械示功器根据使用弹簧的形式有螺旋弹簧式、柱簧式和钢轴弹簧式三种。由于机械示功器是利用机械位移方法进行测量的,必然带来机械式测量仪器的固有缺陷,如感受缸内压力和反映活塞位移部分具有一定的质量,会产生较大的运动惯性力,而其弹簧刚度不能太大(灵敏度要求),致使它的自振频率很低,使其测量较高转速的柴油机受到一定的限制。为扩大机械示功器的适用范围,一般采用提高弹簧刚度来提高它的自振频率。

(1)螺旋形卷弹簧式,弹簧的刚度较小,适用于 400 r/min 以下的柴油机使用,如图 1-5-4 所示。

图 1-5-4 螺旋弹簧式示功器

(2)等强度柱形弹簧式,刚度比螺旋形的大,适用于 700~1 000 r/min 的柴油机使用。

以上两种机械示功器不适用于高速柴油机,只适用于低速机和部分中速机。

(3)钢轴弹簧式,它以一端为球体的钢轴代替弹簧,钢轴从外侧引入示功器的活塞杆中,如图 1-5-5 所示。这种示功器可在高至 2 400 r/min 的柴油机上进行测录。

图 1-5-5 钢轴弹簧式示功器

(二)电子示功器

随着现代科学技术的迅速发展,电子示功器的使用已十分普遍,尤其在现代柴油机的监控技术中均采用电子示功装置来分析研究柴油机缸内的工作过程。

电子示功器由传感器、测量电路和记录显示装置等三大部分组成。它是利用电子技术,通过各种传感器把柴油机缸内的气体压力、曲轴转角等非电量按一定比例转换成相应的电量输出,经放大器等中间环节输送到记录显示装置进行储存、观察或打印。

在电子示功装置中,压力传感器是一个核心环节,不同的压力传感器决定着不同的测量电路。通常,示功装置按所采用的压力传感器不同进行分类,可分为电阻应变式示功装置、压电式示功装置、电容式示功装置和电感式示功装置等。

1. 电阻应变式示功装置

电阻应变式示功装置是利用电阻应变式压力传感器把被测压力转换成应变片的电阻值,通过应变仪把电阻值的变化转换并放大成所需的电压或电流信号送到显示记录装置。

2. 压电式示功装置

压电式示功装置一般由压电石英传感器、前置放大器、示波器等组成。

压电石英传感器是根据石英晶体的压电效应制成的。压电效应是指某些晶体在沿它的某个结晶轴方向受到外力作用时,其内部将产生极化现象:在它的表面上有电荷集结,且此电荷的大小与作用力的大小成正比。当外作用力去掉,晶体又重新回到不带电的状态。具有压电效应的晶体称为压电晶体,例如石英和钛酸钡等。石英压电传感器具有机械强度高、耐高温、绝缘性高的特点。

为减少温度变化对传感器工作的不利影响,需对传感器采用强制水冷却。有些新型传感器工作时不需冷却,称为非冷却传感器。

柴油机曲轴转角信号可由磁电式或光电式等传感器测量。

3. 电子示功装置的标定

电子示功装置的标定包括压力值标定和曲轴转角(时间坐标)标定等。压力值标定分为静态标定、动态标定和随机标定。静态标定指向测量系统输入稳定的标定压力信号,通过调节电荷放大器或者应变仪的线性度,使其输出的压力信号误差满足精度要求。动态标定是对传感器输入已知频率及幅值的压力信号或者通过激波管产生一阶跃压力，记录它的输出或者根据它的输出曲线求出其频率响应特性，以便在使用时根据它的输出响应得到准确的输入压力信号。随机标定是在测量过程中，对一整套动态压力测量装置进行标定。

曲轴转角标定是指给出具有一定精度的上止点记号和已知频率的时标标记或曲轴转角标记。理论与实践指出，上止点标记明显影响示功图计算的准确度。若上止点有 1°CA 误差，则示功图计算有±5.5%的误差。因而要求上止点标记误差满足 0.2°~0.5°CA 的要求。对于运转的多缸柴油机，较粗略地确定上止点位置的方法一般是通过暂时单缸停油法测录。为了得到满意的测量精度，应特别重视上止点位置的确定及对压力传感器的定期标定。

4. 电子示功装置的优缺点及适用范围

电子示功装置的突出优点是固有频率高，即具有良好的高频特性，如电阻应变式的固有频率可达数十千赫，压电石英式可高达数百千赫。固有频率如此高的传感器与适当的测试环节匹配可获得良好的频响特性，所以它的频率特性宽，适用于低、中、高速柴油机使用，测量误差小于 1%。

电子示功装置灵敏度高、线性好，但它易受外界干扰影响。如电源电压波动、电磁场干扰、环境温度变化等均影响其工作稳定性，因而它对测量电路要求较高，需设补偿装置。

电子示功装置既可测取单个循环示功图，又可测取多循环平均示功图。它与计算机组成一套完整的多参数综合测量系统，可实现对柴油机的远距离监测、数字显示及自动控制，完成对柴油机的诊断、趋向预报等监控技术。因而，电子示功装置在近代自动化船舶上应用广泛。

(三)便携式电子示功器

便携式电子示功器具有使用方便、灵敏度高、测量快速准确等特点，通用触发系统适合单机和多机装置。与传统的示功装置比较，它有极好的精度，现国内外都有生产。图 1-5-6 所示为便携式 PMI 电子示功器测量示意图。

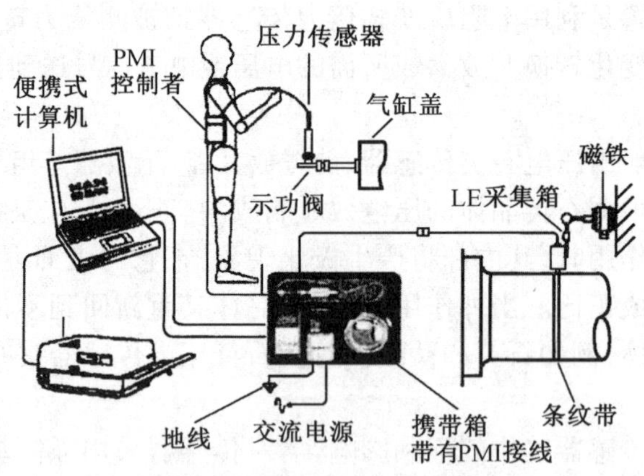

图 1-5-6 便携式 PMI 电子示功器测量示意图

由 MAN-B&W 公司生产，适用于转速低于 900 rpm，压力为 0~22.5 MPa，系统的总精度为±3%，单人也可操作。

PMI 系统使用性能良好的压电传感器和发光信号采集器(LE 采集器)，同步对柴油机压力和转角的测量。

整套设备由外部 110/220 V 交流电源供电，对给定柴油机而言，系统一旦经过了最初的安装，再使用时可以很快地连接到柴油机上（只有 LE 采集器的条纹带需永久地固定在柴油机输出轴上）。

在 PMI 系统数据库内收集和储存各缸的 p-Φ 图。PMI 控制器和连接箱都有通信界面，以采集和自动传输数据到集控室的计算机或便携式计算机（计算机内须安装随 PMI 系统供应的适用软件）。在计算机上可以显示三种不同的图，即 p-Φ 图、p-V 图和平衡图。

平衡图显示各缸的压缩压力 p_c、爆压 p_z 和平均指示压力 p_i，还显示各缸压力的平均值以及各缸压力与平均值的差值 Δp_0。有的便携式电子示功器的软件还能显示发火点、平均压力升高率、排温等参数。除图形外，还可用表格形式显示测量结果。在表格中对四冲程柴油机显示 p_c、p_z、扫气压力 p_{scav} 和转速 n；对二冲程机除以上数据外还显示平均指示压力 p_i 和有效功率 p_e。

PMI 系统以“0-图”参考值和“E-负荷”参考值自动对各缸上止点进行修正。所谓“0-图”，就是通过当柴油机在 500%～700%负荷下运行时，对待测缸实施单缸停油，测得的循环气缸压力图（即纯压缩图）。对既定的柴油机，一般只在安装系统时测量一次即可（具体见说明书）。曲轴因传递扭矩而产生的扭转变形会影响示功图上的上止点，为了修正这种影响，系统需要一套在恒定负荷下的测量结果作参考值，即“E-负荷”参考值，它是在柴油机维持常用油门的情况下测得的循环气缸压力（详见说明书），以此修正示功图的实际上止点位置。

三、示功图的测录

根据热工测量的不同目的和任务，可测取不同类型的示功图。用机械示功器可以测取 p-V 示功图、p-V 转角示功图、弱弹簧示功图、纯压缩图，也可用手拉测取手拉示功图和梳形图等，用气电示功器或电子示功器可测取 p-Φ 示功图。

示功图形状是受许多因素影响的，譬如示功器使用和维护不当，传动机构安装不正确，天气、海情的变化等。因此在测取示功图时应做好准备工作，按正确方法进行测录。同时应注意测任何示功图前，柴油机应至少已运转了几个小时，使柴油机负荷稳定，即各运行参数达到正常值并保持稳定不变。选择适宜的海况和气象条件，尽可能与上次测量的条件相同。

1. p-V 示功图的测录

p-V 示功图主要用来计算柴油机的功率，调整各缸负荷的均匀性，量取最高爆发压力和判断各缸燃烧情况以及计算缸内瞬时温度等。这种示功图既能定性也能定量地显示出气缸内工作过程的实际情况，因而成为研究柴油机内部工作过程不可缺少的重要依据。但是，它的测量是在一个工作循环内完成的，如果因某种原因而产生误差，这种误差甚至可高达 10%～15%，那就失去了测量的意义。因此，测量时必须特别注意工况稳定，并慎重对待所测得的结果，尽量避免误差。

(1) 示功器使用前的检查

使用前应对示功器进行检查和保养，使其可动部分得到良好的润滑（加注的润滑油必须是示功器制造厂推荐的）。检查示功小活塞在缸内的动作情况，在示功器处于直立位置时将示功小活塞提起，若松手能以自身重力均匀下滑的为正常；注意检查示功器驱动机构。

(2)安装示功纸

示功纸必须紧紧地装在示功器转筒上,否则示功纸便有被画笔撕裂的危险,或者得到的示功图是失真的。画笔尖必须圆滑,并调节它对纸面的压力,直至与纸的摩擦最小,以便获得清晰的示功图。

(3)安装示功器

安装示功器前,先可在示功阀上装上三通旋塞(能使示功器活塞下部与大气连通),而后打开示功阀把通路中的积炭及杂质吹净,因为这些杂质的存在对压力的传递有影响,也可能造成示功器活塞的咬死。关上示功阀后即可装上示功器。示功器安装后,小心地将画笔贴在纸上,在转筒的记录纸上画出大气压力线。

顺直示功器转筒绳索使其不打弯,并检查和调节绳的长度,要调节到使滚筒不触及端点限制装置为好。绳的水平长度要减至最小,当示功器与传动机构之间的距离大于 1.5 m 时,应选用钢丝软绳,并使用导向滚轮。

(4)测录

打开示功阀和三通旋塞,使示功器与气缸相通。小心地将画笔贴在纸上。测完后应尽快将画笔从纸上移开。然后关闭示功阀,并旋转三通旋塞使示功器活塞下方与大气相通。将绳子从示功驱动机构上摘下,并从转筒上取下示功纸。测出的 *p-V* 示功图参见图 1-5-7、图 1-5-8 和图 1-5-9 所示的虚线或图 1-5-13 中的曲线 1 或图 1-5-14。

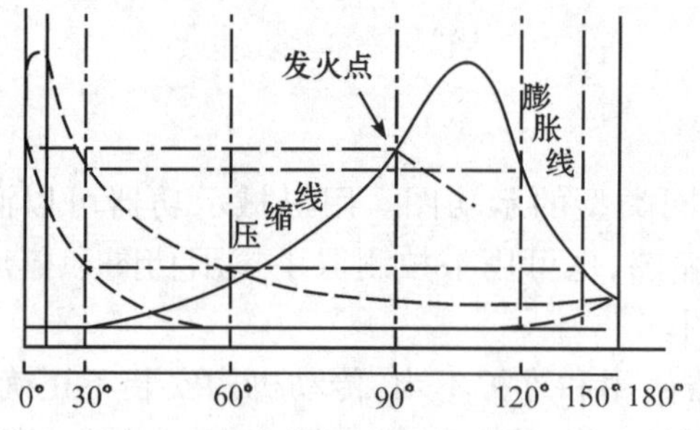

图 1-5-7 *p-V* 转角示功图

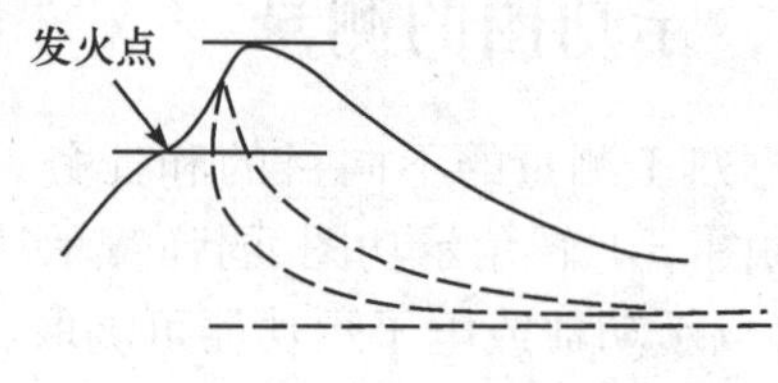

图 1-5-8 手拉展开示功图

为准确起见,最好每缸测取两个示功图。当测取 5 至 6 个示功图后,应拆下示功器进行冷却。当测得满意的示功图后,应注明日期、缸号、转速、扫气压力、排温、所用燃油质量、油门格数、弹簧比例等,并与驾驶台联系记录气候、风力、风向、潮流、吃水、船速等,供分析时参考。

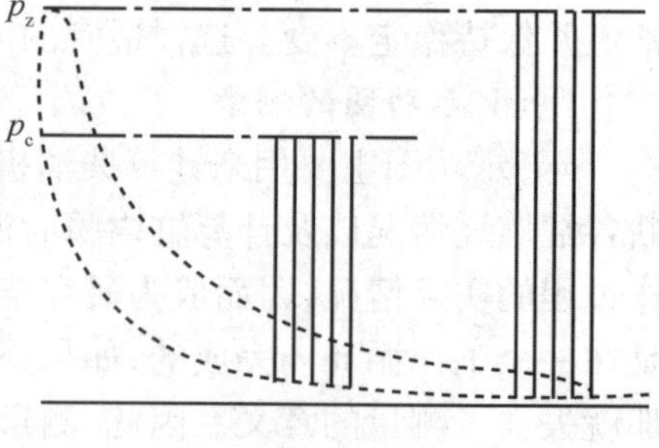

图 1-5-9 梳形示功图

(5)测量后的工作

测量完毕,应对示功器进行彻底的清洁和保养。

2. *p-V* 转角示功图的测录

根据活塞运动规律,活塞在上、下止点处速度为零,而在中部速度最大。因在 *p-V* 示功图上,燃烧过程处于上止点附近,此时活塞速度很低而燃烧压力变化很快。这样,在很短的活塞位移内难以清楚地反映出迅速变化的燃烧压力情况。而当传动机构的小曲柄超前 82°左右后,发生在上止点附近的燃烧过程被移到了示功图的中间部分。此时,就可用小活塞的最大速度带动转筒记录气缸内较快的压力变化,即可将上止点附近的压力曲线放宽,使压力的变化过程看得更明显。其目的是将燃烧曲线在横坐标方向上放宽,以利于分析燃烧过程的情况。此时得到的图已失去示功图原形,所以只能用来分析燃烧过程的进行情况,不能作为计算功率的依据。在曲柄式传动机构中较易实现这种转角示功图,但在杠杆式和凸轮式驱动机构上则较难画出。

测量前,调节传动机构的小曲柄,使其超前于所测气缸曲柄 82°左右,然后用机械示功器测取即为 p-V 转角示功图。此时,图形中央位置恰好是上止点位置,如图 1-5-7 所示。

3. 手拉展开示功图的测录

在不能测取转角示功图的柴油机上,为了研究燃烧过程和判断发火时刻的早晚,可用手拉展开示功图,测出的示功图如图 1-5-8 所示。其作用和转角示功图一样,可配合 p-V 示功图研究燃烧过程。

4. 梳形示功图的测录

用手慢慢拉动示功器转筒,可测出多条压缩压力线(在单缸停油时)或最高爆发压力线,这种图形形似梳子,所以称为梳形示功图,如图 1-5-9 所示。梳形示功图可用来检查压缩终点的压力 p_c 和最高爆发压力 p_z。

5. 弱弹簧示功图的测录

在用机械示功器测取 p-V 示功图时,因最高爆发压力较高,而示功器的弹簧又是根据最高爆发压力选取的,因此示功弹簧选得较硬(弹簧比例较小),致使进、排气过程中的微小压力变化在示功图上反映不出来。所以四冲程柴油机示功图的进、排气过程重合为一条线,二冲程柴油机示功图的尾部扫气过程也重合为一条线。

为了研究和检查扫气过程,可以给示功器换上弱弹簧和 1/1 标准活塞(弱弹簧可根据排气压力的大小和放大程度来选择),把 p-V 示功图的尾部放大测绘出来。这种图形称为弱弹簧示功图。通过使用弱弹簧示功图就可以研究和检查换气过程的好坏。测录方法和注意事项与 p-V 示功图的测录一样,不再重述。

图 1-5-10 所示为四冲程柴油机的弱弹簧示功图,曲线 1 表示部分压缩过程。当示功器的小活塞运动到极端位置时,示功图保持一段等高度。在膨胀过程(曲线 2)中,当气体压力等于或小于弹簧的弹力时,弹簧才恢复其作用。排气过程(曲线 3)从点Ⅱ开始,排气阀已开,气缸内的压力迅速下降,缸内的废气大量排出,从而产生负压。随着活塞上行和速度提高,排气压力又高于大气压力,并随废气的逐渐排空而下降。活塞到达上止点前,进气阀开启,进气过程开始(曲线 4),一直到下止点 1,然后又开始压缩。

图 1-5-11 所示为二冲程柴油机的弱弹簧示功图。当排气口开启时,膨胀线急剧下降到扫气压力线以下。在扫气口开启后压力升高到扫气压力。由于弹簧的振动,压力出现波动,直到扫气口关闭为止。由于过后排气,气缸内压力又会下降,直到排气口关闭开始压缩。测录方法和注意事项与 p-V 示功图的测录一样,不再重述。

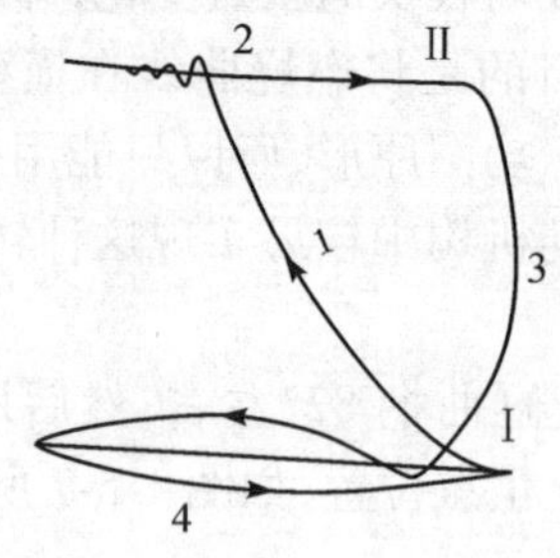

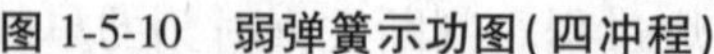

图 1-5-10　弱弹簧示功图(四冲程)

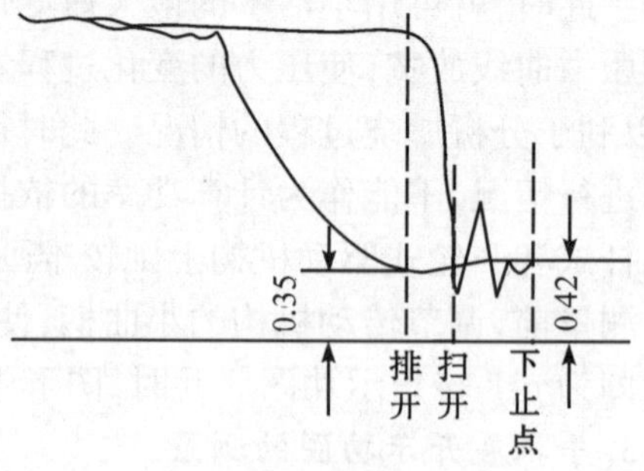

图 1-5-11　弱弹簧示功图(二冲程)

6. p-Φ 展开示功图

用电子示功器可测取 p-Φ 示功图,又称 p-Φ 展开示功图,如图 1-5-12 所示。p 为气缸内气体压力,Φ 为曲轴转角。p-Φ 示功图可用来计算柴油机的指示功率,评估燃烧与扫气过程,测取缸内最高爆发压力 p_z 和压缩压力 p_c,计算放热率,测定发火角等,是分析研究柴油机工作过程的一种示功图。

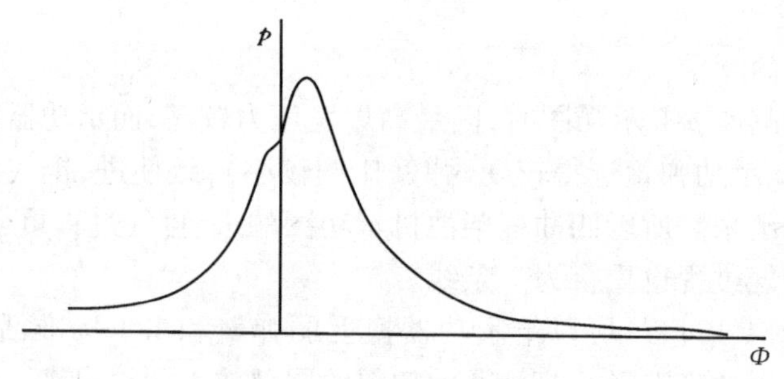

图 1-5-12　p-Φ 展开示功图

在船舶上通常使用机械示功器或电子示功器测取气缸示功图,有以下用途:

(1)确定柴油机指示功率并判断功率分配的均匀性。

(2)确定柴油机的最大爆发压力 p_z 和压缩压力 p_c。

(3)评估柴油机缸内工作过程的完善程度,如研究其燃烧过程、换气过程。

(4)计算缸内温度等。

四、示功图的分析

示功图分析是把所测的示功图与柴油机的正常示功图进行比较,找出它们之间的差别,判断柴油机工作过程的优劣以及产生偏差的原因,以进行必要的调整,使柴油机保持在良好的技术状态下运行。

1. 正常示功图的特征

正常示功图是在柴油机技术状态良好时测取的,通常由柴油机说明书或试航报告提供。正常示功图有以下特征(见图 1-5-13)。

(1)工作过程曲线比较圆滑,曲线过渡处无锐角或突变形状。

(2)工作过程各主要特性点的数值如最高爆发压力 p_z、压缩压力 p_c 等应符合说明书或试航报告的规定。

(3)工作过程曲线无异常波动现象。

(4)示功图尾部形状应符合不同的扫气形式的正常轨迹。图 1-5-13 为二冲程柴油机 p-V 示功图,示功图尾部尖锐成一线。图 1-5-14 为四冲程柴油机 p-V 示功图,示功图尾部圆滑。

二冲程柴油机正常示功图的基本形状如图 1-5-13 所示,它指出了各特性点在各种示功图上的相互关系。图中 b 表示在不同负荷下示功图形状的肥瘦,因此宽度 b 大致反映了功率的大小。

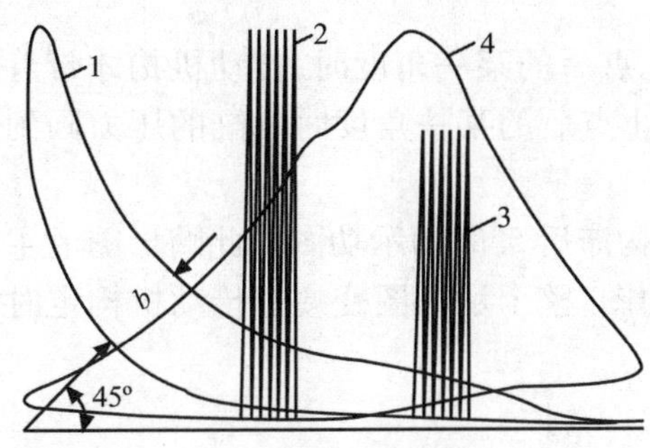

图 1-5-13 二冲程柴油机 p-V 示功图

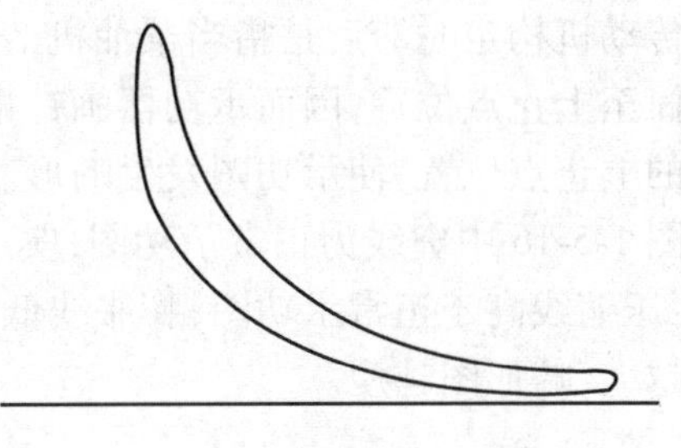

图 1-5-14 四冲程柴油机 p-V 示功图

在缺少正常示功图的情况下,可根据上述各点并参照试航报告所规定的各主要热力参数值进行比较。若发现示功图上的某些热力参数不正常,必须查明原因,根据说明书上的要求进行调整。经调整后,各缸有关热力参数的不均匀度应满足表 1-5-2 的要求。不均匀度的计算公式如下:

不均匀度 = |最大(最小)值 − 各缸平均值| × 100% / 各缸平均值

表 1-5-2 热力参数不均匀度

工作参数	不均匀度
压缩压力 p_c	≤±5%
最高爆发压力 p_z	≤±5%
平均指示压力 p_i	≤±5%
排气温度 t_r	≤±5%(中、高速增压机≤±8%)

2. 示功器传动机构或示功器本身不正常引起的畸形示功图

在定期测取的示功图中,除正常示功图外,还会出现一些畸形示功图。这些畸形图可能因柴油机工作过程不正常引起,也可能由于示功器本身使用不当等引起,所以应对畸形图进行具体分析,找出造成畸形的原因。

(1)示功器传动机构不正常引起的畸形示功图

示功器传动机构因安装不正确,零件磨损等原因会造成示功器转筒的运动与柴油机活塞的运动不相对应,歪曲了气缸内的压力与行程的相应关系,产生畸形示功图。

①示功器传动机构定时超前

示功器传动机构定时超前是指当柴油机活塞位于上止点前的某一角度时,传动机构带着示功器转筒已到达上止点位置,因而示功器画针把活塞在上止点前的某一角度时气缸的压力画到了示功图的上止点位置。这样就使示功图发生畸形,即使压缩线较正常线偏低。同理,在上止点后由于示功图上某点所记录的压力值是其前一曲轴转角缸内的压力值,而使膨胀线比正常线偏高,由此使示功图变胖。

如图 1-5-15 所示,虚线为正常示功图,实线为传动机构超前 5°时的示功图。此畸形图的主要特点是:压缩线低于正常示功图,膨胀线高于正常示功图,整个示功图变胖。传动机构定时超前的角度越大,示功图就越加肥胖。显然用此图计算的功率明显增大。

②示功器传动机构定时滞后

传动机构定时滞后是指当柴油机活塞位于上止点后的某一角度时,传动机构才带着示功器转筒至上止点位置,因而示功器画针把活塞在上止点后的某一角度时气缸的压力画到了示功图的上止点位置,使示功图发生畸形。

图 1-5-16 中虚线为正常示功图,实线为传动机构滞后 5°时的示功图。此畸形图的主要特点是:压缩线高于正常示功图,膨胀线低于正常示功图,整个示功图变瘦。传动机构定时滞后角度越大,畸形图越瘦。

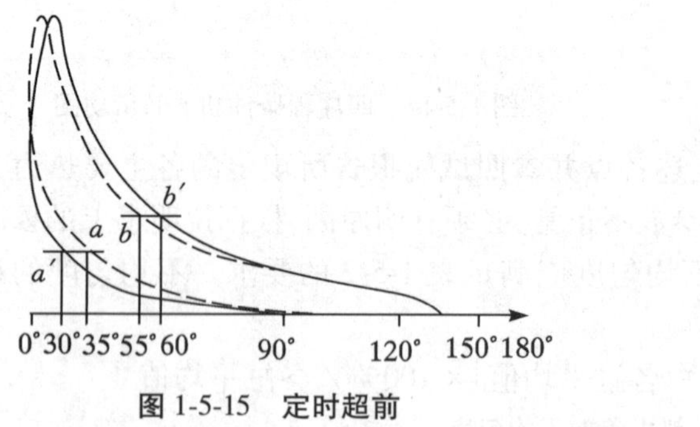

图 1-5-15 定时超前

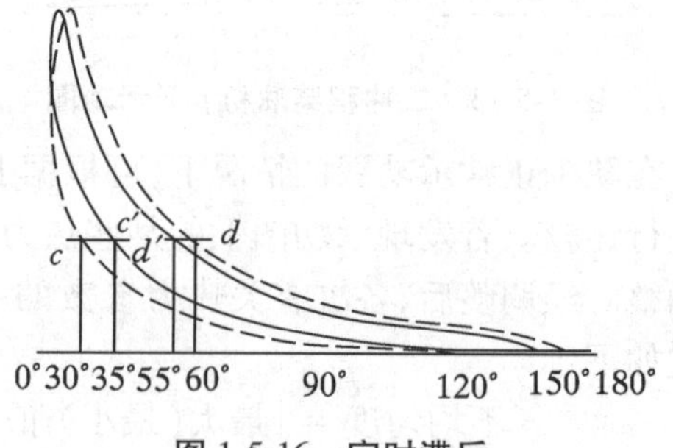

图 1-5-16 定时滞后

③判断传动机构定时的方法

实践证明,传动机构定时超前或滞后对示功图形状影响极大。一般每相差 1°(CA),气缸平均指示压力 p_i 相差约为 5.5%。当发现示功图出现上述差异时,应判断是否是由于传动机构定时所引起的。此时,可采用纯压缩线判断法:用单缸停油的办法测取纯压缩图。

若纯压缩线与膨胀线基本重合,如图 1-5-17(a)所示,则为正常的情况。这表示传动机构与柴油机同步。若传动机构定时超前(或滞后),则膨胀线与压缩线分离,如传动机构定时超前时膨胀线在上,压缩线在下,如图 1-5-17(b)所示;传动机构定时滞后时膨胀线在下,压缩线在上,如图 1-5-17(c)所示。

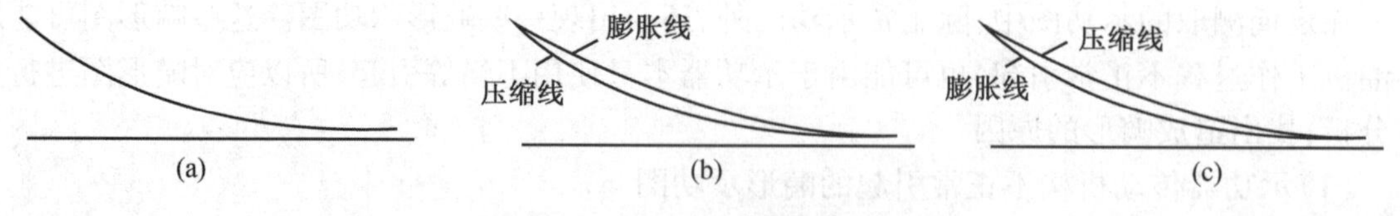

图 1-5-17 传动机构定时判断

当证实不同步现象出现时,应对传动机构进行调整,使它的运动与活塞运动完全同步。通过盘车校正传动机构使之与活塞的上、下止点同步。如校正传动凸轮的安装位置和曲柄连杆式传动机构刻度盘的安装位置等。

(2)示功器故障引起的畸形示功图

示功器可因如下几个原因引起畸形示功图。

①示功器转筒绳索太长或太短

如果示功器转筒的传动方向是在膨胀行程时使转筒弹簧拉紧,而在压缩行程时使转筒弹簧放松,则绳索太长或太短时示功图出现下列情况:

A. 示功器转筒绳索太长

如绳索太长,在传动机构上行至离上止点尚有一定角度时,转筒已到达其极端位置不再转动,绳索开始松动,一直到当传动机构由上止点下行某一角度绳索张紧时,转角才开始转动。在绳索松动期间,转筒不转动,因此只是画针上下运动,画出的图形是一条直线,致使把示功图头部切去一部分,示功图变短,如图 1-5-18(a)所示。

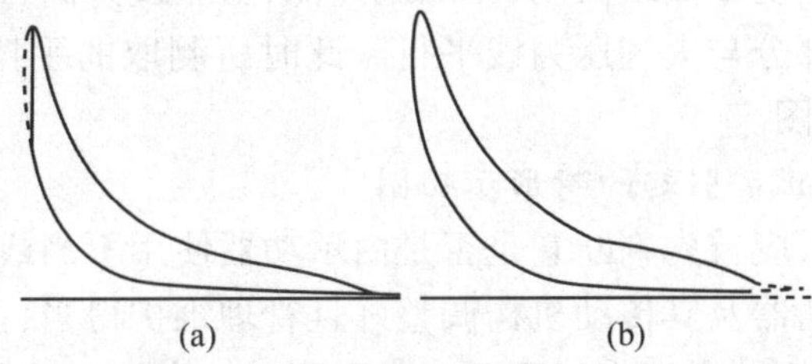

图 1-5-18 示功器转筒绳索太长或太短

B. 示功器转筒绳索太短

如绳索太短,传动机构在下止点前就将转筒弹簧拉紧,在传动机构继续下行时,转筒已经不动了,只是画针上下运动,画出一条直线,把示功图尾部切去一部分,示功图的长度减短,如图 1-5-18(b)所示。在严重情况下还可能将绳索拉断或将转筒拉坏。

如果改变示功器的传动方向,则示功图的上、下止点将彼此变更。此时绳索太长则切去示功图的尾部,绳索太短则切去示功图的头部。因此,在发现示功图头部或尾部被切后,应按具体情况分析判断和调整。在使用中,由此种故障产生的畸形图形有时较难判断(尤其在示功图尾部缺少一段时),此时可通过检查各缸示功图的长度加以判断,应保证各缸示功图的长度一致。

②示功图太长

示功图太长是由于示功器转筒弹簧太软、示功器转筒的惯性作用和示功器机构中间隙大等原因造成的,如图 1-5-19 所示。

(3)示功小活塞卡紧

当示功器气缸的润滑不良或有结炭时,小活塞容易产生卡紧现象。此时,在压缩过程中,由于小活塞出现卡紧,阻力增加,画针画出的压力比正常值低(由于阻力抵消了部分气体作用力),因而示功图压缩线降低;又由于小活塞受到的阻力是不规则的,时大时小,因此压缩线出现波动现象,如图 1-5-20 所示。在膨胀过程中,阻力方向与压缩过程时相比方向相反,使得画针画出的压力比正常值大,因而示功图膨胀线升高,同样也出现波动现象。

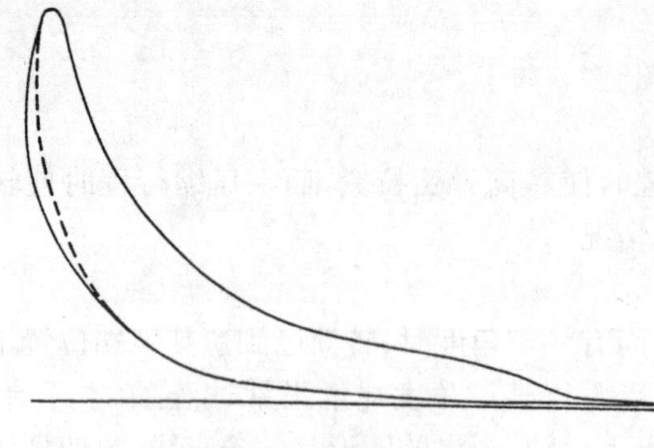

图 1-5-19 示功图太长

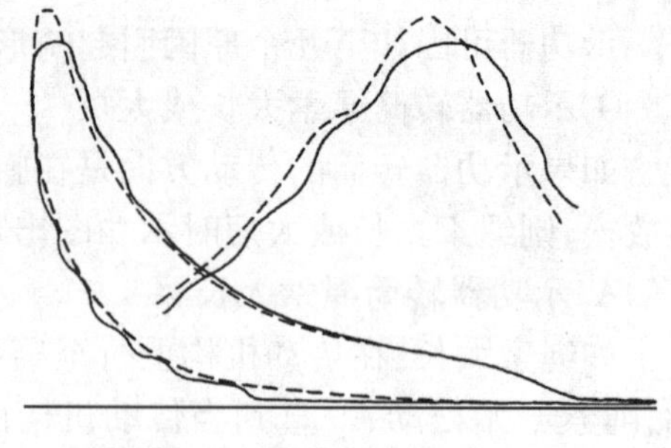

图 1-5-20 示功小活塞卡紧

示功器小活塞卡紧，示功图曲线波动，压缩线降低，膨胀线升高，最高爆发压力降低。压缩线的长度，在相当长的一部分与大气压力线平行。此时所测取的手拉示功图也有类似波动现象。图中虚线为正常示功图。

3. 气缸内工作过程不正常引起的畸形示功图

当出现畸形示功图时，应首先判断它是否是由示功器使用不当或其传动机构不当引起的。在通常情况下，只要将示功器及其传动机构调整好且管理维护得当，上述故障是可避免的。畸形示功图主要是由于柴油机缸内工作过程不正常引起的。所以对这种原因引起的畸形示功图进行分析与判断，是调整柴油机的重要依据。当然，柴油机的运行参数如油门开度、转速、排气温度、冷却水温度、滑油温度等，都不同程度地反映着气缸内的工作情况，所以分析示功图时还必须参照柴油机的运行参数。

引起柴油机工作过程不正常的因素很多，无法一一列举，以下分析是在运行管理中常见的畸形示功图的一些特点。

(1)燃烧太早

如图 1-5-21 所示为燃烧太早的 p-V 示功图和转角示功图，与正常示功图(虚线所示)比较，有以下几个特点：

①最高爆发压力 p_z 增大，高于正常值，压力上升曲线陡峭，示功图头部尖瘦。

②燃烧曲线过早地脱离压缩曲线，发火点提前。

③膨胀曲线降低，排气温度下降。

造成燃烧太早的原因一般有喷油正时提前、喷油器启阀压力降低等。另外，当由劣质燃油改用优质燃油而未调整(减小)喷油正时时也会产生燃烧太早的现象。燃烧太早将会增加柴油机的机械负荷，严重时会引起燃烧敲缸，危及气缸正常工作，故需及时加以调整。

(2)燃烧太晚

如图 1-5-22 所示为燃烧太晚的 p-V 示功图和转角示功图，有以下特点：

①最高爆发压力 p_z 明显降低，即示功图高度下降。

②示功图头部圆滑，发火点后移，甚至发生在上止点后，表示燃烧后移。

③膨胀线较正常示功图高。

燃烧太晚的原因通常有喷油正时滞后、喷油器启阀压力过高、改用劣质燃油又未调整喷油正时(需增大)、喷油泵漏油、喷油器泄漏及缝隙式滤器部分堵塞等。

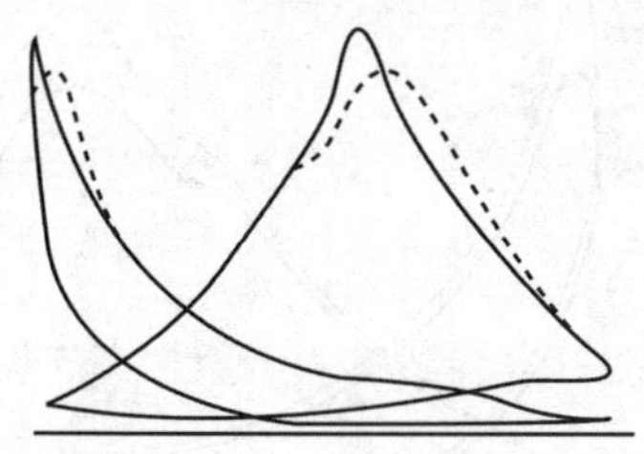

图 1-5-21 燃烧太早示功图

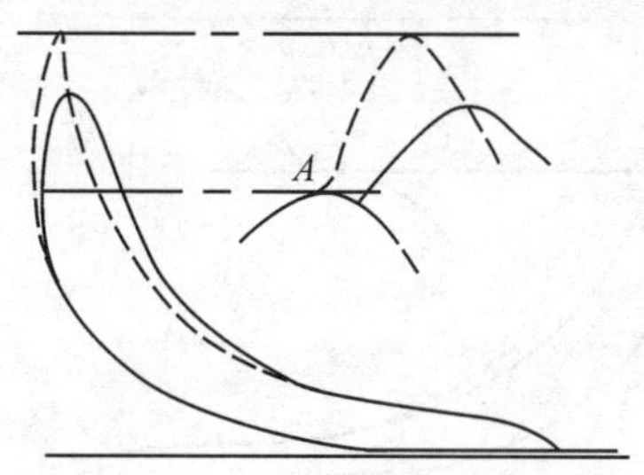

图 1-5-22 燃烧太晚示功图

(3)喷油器针阀锥面漏油

喷油器阀座漏油时,燃油雾化不良,油气混合不佳,造成燃烧延后,排气温度升高。这种示功图的最高爆发压力下降并又重复上升多次。膨胀线高,且呈锯齿形,锯齿向上,示功图面积减小,如图 1-5-23 所示。

这种锯齿形与示功小活塞运动受阻时的畸形示功图看起来似乎有些相似,其实还是有区别的。示功小活塞运动受阻时示功图面积增大,膨胀线较高,而且是不规则地下降并呈阶梯形波动。

(4)喷油器喷孔部分堵塞

当喷孔部分堵塞时,喷孔流通面积减少,流阻增大,单位时间喷油量减少,使总的喷油时间拖长,出现后燃现象。如图 1-5-24 所示,其示功图与燃烧太晚示功图相似。但由于高压油管中的压力急剧升高,会发生重复喷射,膨胀线会产生波动。

特点是最高爆发压力 p_z 降低,膨胀线升高,示功图头部的膨胀曲线出现波动。但由于喷油正时未变,发火点也基本未变,这是区别于燃烧太晚示功图的主要依据。

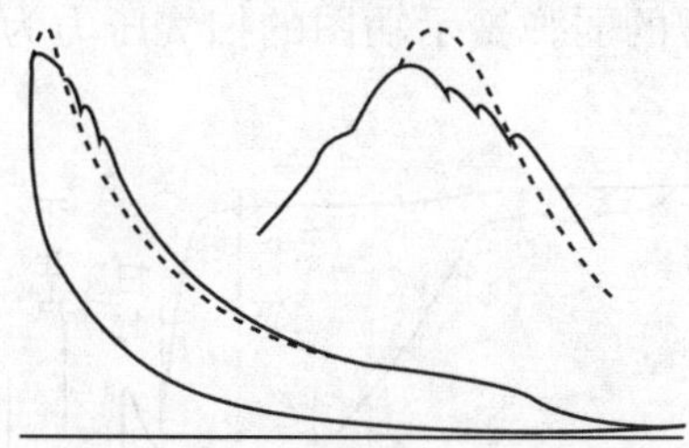

图 1-5-23 喷油器针阀锥面漏油

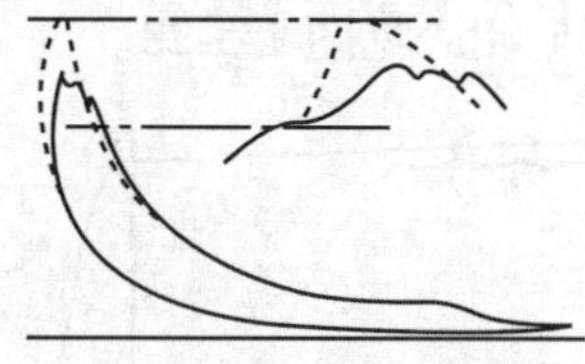

图 1-5-24 喷油器喷孔部分堵塞

(5)喷油泵漏油

因柱塞偶件磨损漏油时,一方面会使泵油压力下降,从而使喷油延后造成后燃,会使排温升高;另一方面因漏油使喷入缸内油量减少,会造成功率明显降低,排温亦降低。实践证明上述两方面的后者影响大,最终使得排气温度降低,如图 1-5-25 所示为其示功图。

(6)气缸内空气量不足

如图 1-5-26 所示为空气量不足时的示功图,与正常示功图比较有以下特点:

①最高爆发压力 p_z 和压缩压力 p_c 都降低。

②膨胀线与压缩线均降低,有时可能出现波动。

③示功图面积减小,指示功率降低,排气温度升高。

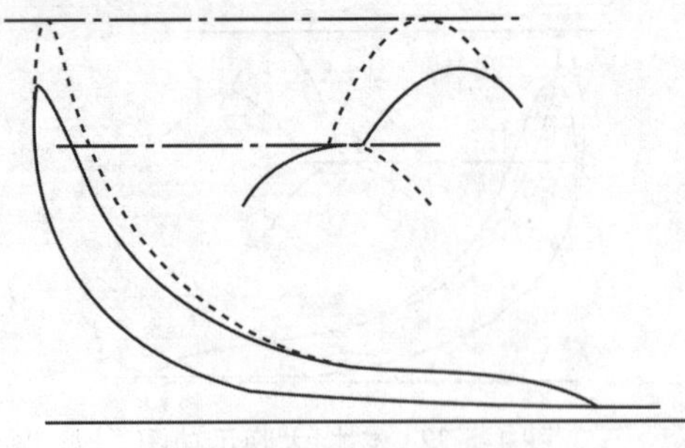
图 1-5-25 喷油泵漏油

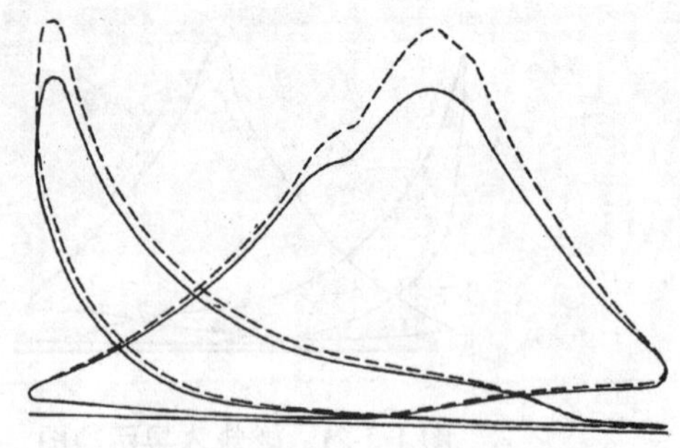
图 1-5-26 气缸内空气量不足

气缸内空气量不足的原因一般是气缸漏气，如活塞环漏气、排气阀漏气等；扫气空气供应不足，如气口堵塞、增压器进气滤器堵塞、中冷器堵塞、增压器涡轮脏污等；排气系统受阻；环境状态如大气压力和环境温度变化。

气缸漏气使压缩压力 p_c 降低，可通过测定纯压缩图，计算压缩压力与扫气压力之比值并与试航报告标准比值比较来进行判断。

(7)扫气过程不正常

在二冲程柴油机中，气口可能由于燃烧不良而发生堵塞现象。此时将引起进排气受阻，降低了缸内的充气量，结果使新气减少造成燃烧不完全，引起与燃烧太晚相似的畸形示功图。

在测取 p-V 示功图时，示功弹簧的选择主要是为了满足最高爆发压力的要求，而使示功弹簧较硬，进、排气过程几乎重合成一条线，很难判断进、排气压力变化的情况。欲分析扫气过程的进行情况，需测取弱弹簧示功图。

图 1-5-27 所示为 MAN K72 70/120 型二冲程柴油机在转速 $n=125$ r/min 时测得的工作过程不正常时的弱弹簧示功图。在上述条件下，正常的弱弹簧示功图的扫气压力为 42 kPa，压缩始点压力为 35 kPa，见图 1-5-28。

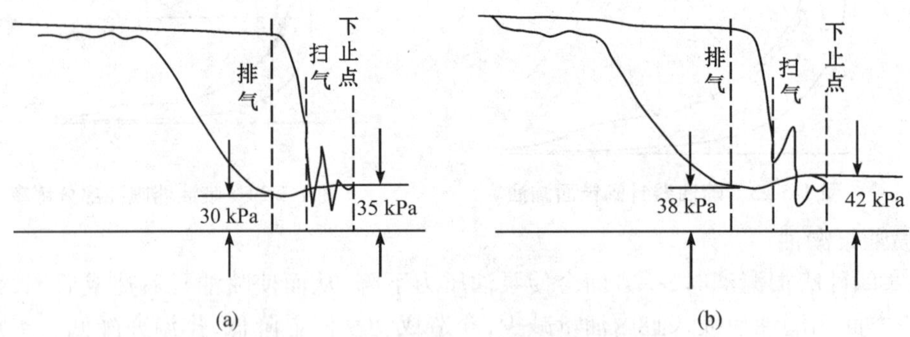

图 1-5-27 不正常时的弱弹簧示功图

图 1-5-27(a)所示为扫气口部分堵塞。从图中可以看出，当扫气口开启时，缸内压力基本降至扫气压力。但压缩始点的压力过低，仅为 30 kPa，同时下止点时缸内压力也较低，仅为 35 kPa，表明扫气口部分堵塞，气缸进气量减少。

图 1-5-27(b)所示为排气口部分堵塞。从图中可以看到，排气开始点滞后，扫气口开启时缸内压力高于扫气压力，而且压缩始点的压力较高(为 38 kPa)，表明排气口部分堵塞，排气不畅。显然，根据上述压力变化的大小可以判断气口堵塞的程度。

以上分析了一些常见的、典型的畸形示功图。在实际工作中，示功图的线形往往不够典

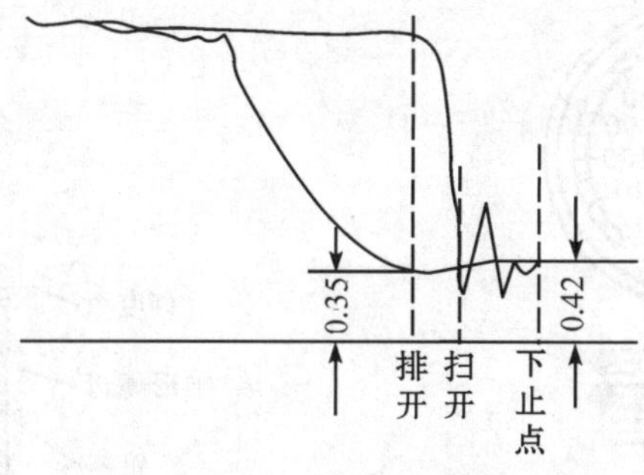

图 1-5-28 正常的弱弹簧示功图

型,甚至是多种因素影响的结果,况且图形尺寸较小,所以对示功图分析难度较大。因此,在分析示功图时不要轻易下结论,而应针对具体情况并参考其他测试参数进行综合分析,抓住主要影响因素,才能得到正确结论。

任务六 船舶主柴油机爆发压力和压缩压力的测量

一、认识最高爆发压力表

最高爆发压力的大小决定着柴油机的机械负荷和热负荷的大小。它的数值在一定程度上也反映了供油定时的变化,是轮机管理中的一个重要参数。测量爆发压力的仪器有三类:机械式、气电式和电子式。除使用示功器外,船舶一般使用测试比较方便的机械式爆发压力表。机械式爆发压力表有止回阀式最大爆发压力表和弹簧式爆发压力计两种。

如 1-6-1 图所示为止回阀式爆发压力表(简称爆压表)。

当气缸内压力高于止回阀上腔压力时,止回阀跳起,燃气进入阀门上腔。气缸压力下降时,止回阀落回阀座,使上腔保持最高压力便于读数。测量后,表中的残气可通过放气手轮放出。此表因止回阀质量、漏气、压力脉冲衰减等原因造成测量误差较大,有时测量值低于实际值可达 0.5~0.8 MPa,且压力表易损坏、寿命短。但这种表结构简单,通常作为随机使用的监视仪表。

图 1-6-2 所示为霍勒斯(Horace)式爆发压力表的原理图。

据此原理制造的压力表属于弹簧刻度盘式压力表。气缸压力作用于小活塞上,推动活塞杆锥形螺母及锥形螺母上行,一旦锥形螺母离开锥座位置,作用于锥形螺母上的钟表弹簧的弹力使锥形螺母沿活塞锥座杆上部的螺纹下旋,直至锥形螺母重新贴紧锥座,表式刻度盘也同步转动指示出被测压力值的大小。此种表使用简单,多用于中低速机的测试,但精度较差。再次测量时,在放气后,用手将刻度盘旋至“0”。

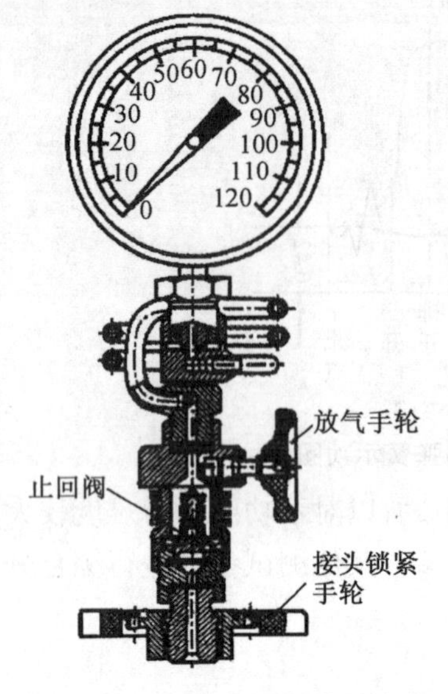

图 1-6-1　止回阀式爆发压力表

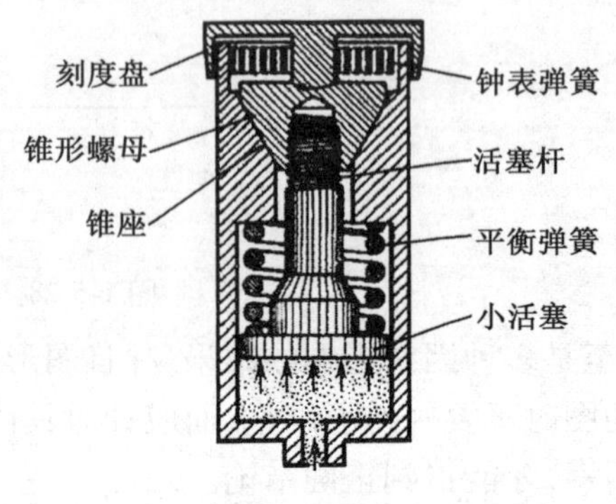

图 1-6-2　霍勒斯式爆发压力表原理图

二、测量柴油机最高爆发压力

需测爆发压力时，应使柴油机在常用标准负荷下正常工作，以利于比较和分析。测量期间，机舱最好停止其他维护作业，特别是含有油雾的作业应禁止。下面以使用止回阀式爆发压力表测量缸内压力为例，测量步骤如下(见图 1-6-3)：

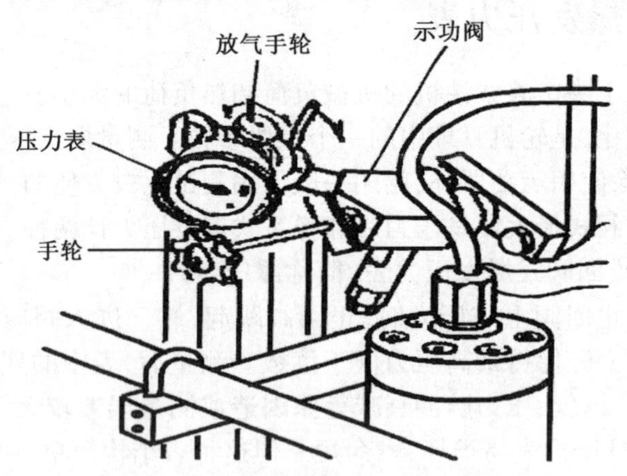

图 1-6-3　爆发压力测量示意图

(1)测量前应确认压力表的技术参数、测量范围、分度值精度等级。戴好绝热安全手套。

(2)吹净示功阀。稍微打开被测缸的示功阀开关，后关闭(可反复几次)。

(3)将爆压表接到示功阀上，检查确认放气手轮置于关闭位置。

(4)完全打开示功阀开关，待压力表的指针升到最大值后，关闭示功阀。

(5)读出最高爆发压力值后，打开放气手轮放出残气(指针应回至“0”位)，取下爆压表。

注意:仪表在连续使用时,不得使其过热,即仪表上的压力表、蛇形管和手轮均不得热到需要戴手套或使用扳手的程度。仪表多次测量后,应定期通入压缩空气进行密封性检查或进行现场检查。

现场检查的方法为:读数后,使放气手轮继续处于关闭状态(不放气),拆下仪表,注意观察其压力下降的情况。如果压降每分钟不超过最初压力的10%,则仪表的气密性符合使用要求。

三、测量柴油机压缩压力

测量柴油机的压缩压力的方法基本与测量爆发压力相同,此处不再重述,只是在测量压缩压力前应实施单缸停油。对该缸测取完成后,恢复供油。

轮机管理人员动手测取和记录的是最简单的性能监控。随着电子计算机的发展,柴油机性能监控多使用微机系统,由它来采集、处理、分析和运算各测量传感器所测的参数,实现对柴油机监控和诊断。例如,使用钢弦式扭矩仪或电阻应变式扭矩仪对柴油机总功率的估算;通过测取示功图分析缸内燃烧情况;在适当部位安装热电偶监控燃烧室部件的热负荷;测取喷油压力、喷油持续角、针阀升程图等监测燃油喷射系统;利用压力传感器、温度传感器、液面高度和流量计等及定期抽取滑油试样分析金属颗粒的形状、类别和数量以确定磨损量来监测和诊断润滑系统和冷却系统;用测量温度和压力的方法来监测和诊断涡轮增压系统等。

现代化的船舶,设备的运行状态、运行参数以及故障报警状态全部集中在集控室内的监视屏上。机舱的集中监视与报警是轮机自动化的一个重要组成部分,它能准确可靠地监测机舱内各种动力设备的运行状态及其参数,一旦运行设备发生故障,它能自动发出声、光报警信号并进行报警打印记录。它还能显示有关运行状态参数和进行定时打印制表,还可将报警信号延伸到驾驶台、公共场所、轮机长和值班轮机员的住所,以实现无人值班机舱。

任务七 温度与转速测量

一、温度测量

(一)温度测量方法简介

测量温度的方法很多,但归纳起来,通常可分为两大类:一是与被测温度的物体相接触的直接测量法,二是与被测温度的物体不相接触的间接测量法。

直接测量法中,测量温度的元件与被测量的物体直接接触,当敏感元件与被测量的物体呈热平衡时,根据温度的定义,此时敏感元件给出的就是被测量物体的温度。采用直接测量法测量温度的温度计也称为接触式温度计,热膨胀温度计、热电偶温度计、热电阻温度计等均属此类。

间接测量法中,测量温度的元件与被测量的物体不直接接触,而是通过辐射等原理来测量被测物体的温度。采用间接测量法测量温度的温度计也称为非接触式温度计,光学高温计、光电高温计和辐射高温计等均属此类。

由于任何一种温度计的适用测温范围都是有限的,所以温度计的选择与应用是测温工作的重要内容之一。应根据不同的测温要求和特点,在工作和测量温度范围内,合理选择更加适合其特定温度区间的、满足特性要求的温度仪表。

目前,温度计的种类繁多、型号各异,即使同一类型温度计可能由于温度计材料或工作介质的不同,其适用范围和工作性能也大不一样。

需要说明的是,间接测量温度的方法近年来非常受重视,并且发展很快,比如热法、激光法和光子偏振法等。其中,辐射法已有悠久的历史,其温度测量范围很宽,高、中、低度都能应用,而且准确度也在不断提高。目前,间接测量温度的方法在高温测量中应用较多,比如光学高温计、光电高温计、红外高温计、光谱高温计、比色高温计等。此外,间接测量温度的方法具有一系列独特的优点,比如响应时间可以达到毫秒级、不会干扰被测量对象的原有热状态、可以远距离测量以及可以测量热容量极小的物体等等,这些优点都是其他方法无可比拟的。因此可以预见,在船舶的热力系统和安全系统中,间接测量温度的方法必将获得进一步的应用。

(二)温度表简介

1.膨胀式温度计

常用的膨胀式温度计有玻璃管式液体(水银、酒精)温度计、双金属片温度计和压力表式温度计。

(1)玻璃管式液体温度计

玻璃管式液体温度计是最常见的温度测量装置之一,也是我们日常生活和工程实际当中见到最多的一种温度计,比如空气温度计、体温温度计等均为这种类型。玻璃管式液体温度计的液体工作介质常用的是酒精或水银,故也称为酒精温度计、水银温度计。酒精的体积膨胀系数比水银大,约为水银的6倍。酒精的工作范围为-70~65 ℃,水银的工作范围-40~300 ℃。

玻璃杆内的毛细管的直径是影响温度计灵敏度的一个重要因素,毛细管的直径越小,则液体在毛细管中上升的高度就越大,但毛细作用对测量精度的影响也增大。毛细管的尺寸是由测温包的尺寸、液体工作介质的种类以及温度计测量范围要求等决定的。

玻璃管式液体温度计具有价格便宜、使用方便、读数直观、性能稳定和精度高等优点,被广泛用于科学研究、工业生产以及日常生活等各个领域。它的缺点是测温范围窄、易破损、不能远程传递和记录,使其在自动控制和自动调节中的应用受到限制。

(2)双金属片温度计

双金属片温度计是由两种线膨胀系数不同的金属片焊接而成的。当温度升高时,由于两种金属片的长度变化量不同,致使双金属片向热膨胀系数小的一侧弯曲,通过类似于弹簧管式压力表上所用的传动机构,带动指针偏转,即可示出温度数值。多数情况下,双金属片温度计都作为温度自动记录仪使用,也可用于遥测。比如DWJ-1型双金属片温度计,其测温范围为-35~45 ℃,自动记录1天或1周的温度值,量精度为±1 ℃,一般在使用前应以0.1 ℃刻度的水银温度计进行校正。

(3)压力表式温度计

因工作原理与压力表的工作原理相同,故称为压力表式温度计,它的感温元件是测温包。测温包与毛细管、弹簧管组成一封闭空间,内装有液体工作介质。当测温包中的液体工作介质随温度变化发生热胀冷缩时,液体工作介质的压力就发生变化,使弹簧管发生形变,通过机械传动机构,带动指针偏转,即可指示温度的数值。

2. 热电偶温度计

(1)热电偶的测温原理

热电偶测温的基本原理是热电效应,它具有以下特点:

①热电偶回路的热电势大小只与组成热电偶的材料及两端的温度有关,与丝的长短和粗细无关。

②只有不同的材料才能产生热电势、构成热电偶,而相同材料不可能发生热电效应、产生热电势。

③只有热电偶两端的温度不同时才会产生热电势。

④当材料选定后,热电势大小仅与两端的温度有关。

可见,当热电偶回路中的两种材料选定后,若设法使其两个端点中的一个端点的温度恒定,则热电偶回路中的热电势就仅是另一个端点温度的函数。

热电偶是一种热电型的温度传感器,它将温度信号转换为电势(mV)信号,配以测量电势信号的仪表或变换器,就可以实现温度的测量和温度信号的转换。

热电偶是目前应用最广泛的温度测量元件,它既可以用于流体温度的测量,也可以用于固体温度的测量;既能测量静态温度,也能测量动态温度。此外,它还具有以下明显的优点:

①结构简单、制作方便、价格便宜,不仅有定型的标准化产品,而且也可以自行制作。

②测温范围宽,从1 K到3 000 K的温度范围内,每个温区都有各种不同型号的热电偶可供选择使用。

③测温精度较高,高温区的复现性和稳定性很好。

④体积小、热容量小、热惯性小。

⑤由于它直接输出电势信号,所以便于信号的远距离传输和自动记录、控制,更有利于集中检测、记录和控制。

3. 热电阻温度计

在工程实际中,温度的测量除了广泛使用热电偶之外,热电阻温度计也是应用非常广泛的一种测温仪表。尤其在工业生产中,中低温度的测量大多都采用热电阻温度计。

(1)热电阻测温的基本原理

物理学指出,各种材料的电阻值都随着温度的变化而变化。在热电阻温度计中,热电阻是测量温度的敏感元件,它之所以能够用来测量温度,就是因为用来制作热电阻的导体或半导体都具有电阻值随温度的变化而变化的性质。也就是说,导体或半导体的电阻值是温度的函数,只要事先知道了这种函数关系,那么把导体或半导体的电阻值测量出来,就可以得到热电阻本身的温度,从而可以得到该热电阻所处的环境或介质的温度。这就是热电阻温度计测量温度的基本原理。一般来说,纯金属和合金的电阻温度系数为正值,而半导体的电阻温度系数则为负值。

(2)热电阻温度计的特点

热电阻温度计是利用导体或半导体的电阻值随温度的变化而变化的特性来实现测温的。

热电阻温度计之所以得到广泛的应用,主要是因为它具有以下几个突出的优点:

①测量精度高,复现性好。

②灵敏度高,输出信号强,便于显示仪表的识别、检测。

③由于热电阻温度计是电信号的传递,所以更有利于实现远距离的检测和控制,也更易于实现巡检、自控、越限报警和自动显示、记录等功能。

热电阻温度计由热电阻、显示仪表和连接导线所组成。根据热电阻材料的不同,热电阻温度计测温范围在 0.3~900 K 之间。

目前应用最广泛的金属电阻材料是铂和铜。同时,随着低温和超低温技术的发展,目前可用作热电阻材料的还有合金、碳以及半导体材料锗等多种新型热电阻材料。

二、转速测量

1. 转速测量方法简介

转速是计算船舶动力装置功率的重要参数之一,所以转速的测量也是船舶动力装置的功率测量的主要组成部分之一。转速测量的方式可分为三大类,即计数式、模拟式和同步式。计数式转速测量的方法是通过某种方法测出旋转体在一定时间内的总转数来计算转速;模拟式转速测量的方法是通过测量由瞬时转速引起的某种物理量(如离心力、发电机的输出电压)的变化来计算转速;同步式转速测量的方法是利用另一旋转体或已知频率的闪光与被测旋转体的旋转同步来测出转速。

2. 转速表的分类

目前,转速表的分类和命名方式有很多种,常用的有按工作原理、按使用方式、按记数方式、按记录方式、按表盘的刻度特点进行分类和命名等。

常见的按工作原理进行分类和命名的转速表有以下几种:

(1)离心式转速表:根据角速度与惯性离心力的关系而制成的转速表。

(2)振动式转速表:利用特制的弹簧片组和与其相应的转速谐振效应制成的转速表。

(3)电动式转速表:带有机电换能器的转速表,属于这类转速表的有带电机传感器的电动式转速表和电脉冲式转速表。

(4)磁感应式转速表:根据电磁感应原理制成的转速表。

(5)频闪式转速表:根据频闪测速原理制成的转速表。

常见的按使用方式进行分类和命名的转速表有以下两类。

(1)固定式转速表与便携式转速表。固定式转速表是指将其安装在某种机器或设备上使用,并通过传动机构与被测旋转体的转轴相连的转速表。便携式转速表也称为手持式转速表,它是指便于携带的、可单独使用的、可以随时随地用来测量各种机器或设备转速的转速表。

(2)接触式转速表与非接触式转速表。接触式转速表是指测量转速时需要与被测旋转体直接接触或相连接的转速表。比如,固定式转速表可采用各种形式的传动装置,如齿轮变速机构、弹性联轴节、软轴等,与被测旋转体的转轴相连;某些便携式(手持式)转速表则是利用橡皮连接头或金属连接头把转速表的转轴与被测旋转体的轴连接起来。非接触式转速表是指测量转速时不需要与被测旋转体直接接触或相连接的转速表。比如,频闪式转速表是采用闪光与被测旋转体转速同步的方法来测量转速的;电子记数式转速表是采用光电器或磁电传感器测试旋转体,将转速转换成电信号后输送给转速数字显示仪的。

常见的按记数方式进行分类命名的转速表有:

(1)定时式转速表。它的特点是利用计时机构控制记数机构,因为测量转速的时间为一定值(3 s或6 s),故称为定时式转速表。

(2)电子记数式转速表。这种转速表是利用电子记数原理制成的。由转速传感器(光电式、磁电式、激光式等)和数字显示仪两部分组成。

转速表按记录方式可分为:

(1)人工记录式转速测量仪:人工手动记录与测试转速。

(2)自动记录式转速测量仪:用于自动记录被测转速。

此外,转速表也可按表盘的刻度特点来分类,比如:

(1)转速表表盘上的刻度,有的转速表是均匀分布的,也有一些转速表则是不均匀分布的。

(2)转速表表盘上的刻度,有的转速表标有零点标线,也有一些转速表则没有零点标线,而是以其能测量的最小转速值为刻度的起点,但都是以其能测量的最大转速值为刻度的终点。表盘上刻度的起点至刻度的终点所表示的转速值范围,即为该转速表的量程。

(3)表盘上只刻有一个量程范围的转速表,称为单量程转速表;表盘上刻有多个量程范围,并可以通过一个旋钮或按键进行量程转换的转速表,称为多量程转速表。

3. 转速表的使用

(1)便携离心式转速表的使用

便携式(手提式)转速表往往制成多量程的,即转速表装有变速器,借以改变被测旋转体的转速。在多量程的转速表表盘上,通常对应其量程的组数刻有对应的若干列刻度标志;也可以利用各量程范围的倍数关系,减少表盘上的刻度标志列数。

使用手提离心式转速表测量旋转体的转速时应注意以下几点:

①应根据被测旋转体的转速来选择适当的调速盘的挡数,不能用低速挡来测量高转速。

②转速表轴与被测旋转体轴接触时,应使两轴心对准、对直,动作要缓慢,同时在测量过程中应始终使两轴线保持在同一条直线上。

③在测量过程中,转速表轴与被测旋转体轴不要顶得过紧,以两轴相接触不产生相对滑动为原则。

④通常情况下,指针偏转的方向与被测旋转体的旋转方向无关。

⑤转速表在使用前应先加注润滑油(钟表油),通常是从转速表的外壳或调速盘上的注油孔注入。

(2)固定离心式转速表的使用

使用固定离心式转速表测量旋转体的转速时应注意以下几点。

①首先应注意转速表表盘上的转速表系数,比如:若转速表系数为1:1,则转速表的示值即为被测旋转体的转速,也就是转速表轴的转速;若转速表系数为1:2,则转速表轴的实际转速为转速表示值的一半,即若转速表的示值为200 r/min,则转速表轴的实际转速为100 r/min。

②转速表在使用时，其正常工作范围应选在该转速表测量上限值的80%左右，比如，量程为100~600 r/min的转速表，其最高工作转速应选为480 r/min，这样既可以保证转速表表针指示的准确度，又可以延长转速表的使用寿命。

③在使用过程中，须每隔12 h加注润滑油1次。

④转速表在运输和储藏期间，应注意防振、防潮。

4. 定时式转速表

定时式转速表也称为钟表式转速表，它是除离心式转速表外另一种常用的机械式转速表。定时式转速表是一种精密式的机械式转速表，它具有精度高、携带方便等优点，在国内外获得广泛使用。

定时式转速表的工作原理是利用在一定的时间间隔内（比如3 s、6 s等）记录下旋转体转过的周圈数来测量旋转体的转速。它测量的是一段时间内的旋转体转速的平均值，并由指针在表盘上直接指示出被测旋转体的转速值。为了测定时间间隔，转速表装有定时机构，并由此而得名。常用的定时式转速表有两种，即双盘式和单盘式。

单盘定时式转速表使用时，将套在表盘上的橡皮接头与被测旋转体相连接；用手握紧表壳，将表盘端平，使表轴和被测轴的轴心在同一条直线上；按压按钮，然后松开，使表机构开始工作，同时打开计数器开始计数；经过一定的时间间隔（比如3 s或6 s）后，表机构停止工作，并关闭计数器，指针1即在表盘上指示被测旋转体的转速。

图1-7-1所示的定时式转速表，长针轴与转轴的传动比为1∶100，短针轴与长针轴的传动比为1∶10。长针刻度盘均匀地标刻了100个小格，每小格的分度值为10 r/min。短针刻度盘均匀地标刻了10个小格，每小格的分度值为1 000 r/min。该定时式转速表在6 s时间间隔内所测量的转速值，是经放大（比输入值扩大了10倍）、平均后再折合成每分钟的转速值，按r/min进行刻度的。

5. 光电式转速计

光电式转速计是将物体的转动变换为光通量的变化，再通过光电转换元件将光通量的变化转换成电量的变化。光电式转速计不需要辅助电源就能把被测对象的非电量信号转换为易于测量的电信号，属于非电量电测量的方法。

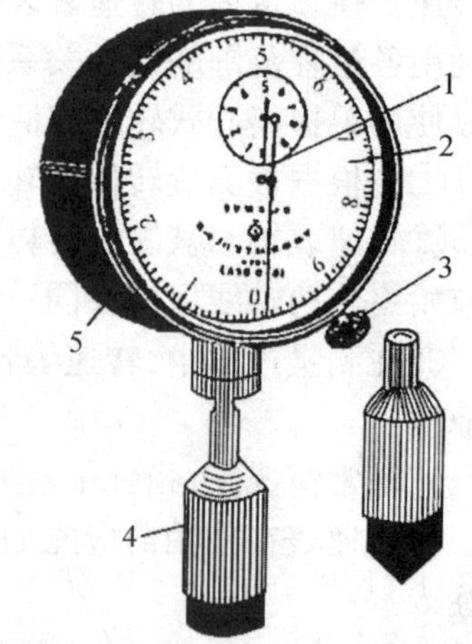

光电转换元件的工作原理是光电效应。从物理学可知，光可以被看成是一连串的具有一定能量的粒子（称为光子）所构成的。所以，当金属或半导体表面受到光的照射时，它的表面层便受到一连串具有能量的光子的轰击，这些物质中的电子的动能便增大，因而产生以下三个现象：一是电子逸出表面，二是物质的导电率发生变化，三是在某个方向上产生电动势。它们分别被称为外光电效应、内光电效应和阻挡层光电效应，这三个现象统称为光电效应。

图1-7-1　单盘定时式转速表

1—指针；2—表盘；3—按钮；4—橡皮接头；5—表壳

根据外光电效应制成的光电转换元件有光电管、光电倍增管等；根据内光电效应制成的光电转换元件有光敏电阻以及由它构成的光导管；根据阻挡层光电效应制成的光电转换元件有光电池和光电晶体管。

光电式转速计主要是利用光电管将光脉冲变成电脉冲。由光电管构成的转速计分反射型

和透射型两种。光电管的结构如图 1-7-2 所示，它是在玻璃泡内安装两个电极，一为光电阴极，一为光电阳极。将光电材料贴附在玻璃泡内壁，或者涂敷在半圆形的金属片上，便构成光电阴极。在阴极的前面，装有单根直立或环状的金属丝，它就是光电阳极。当光电阴极受到光线的照射时，便向外发出电子；若在光电阳极上接上正电位，则光电阴极所发出的电子被光电阳极吸引，从而形成光电流。如果光源发出的是光脉冲，则光电管形成电脉冲。

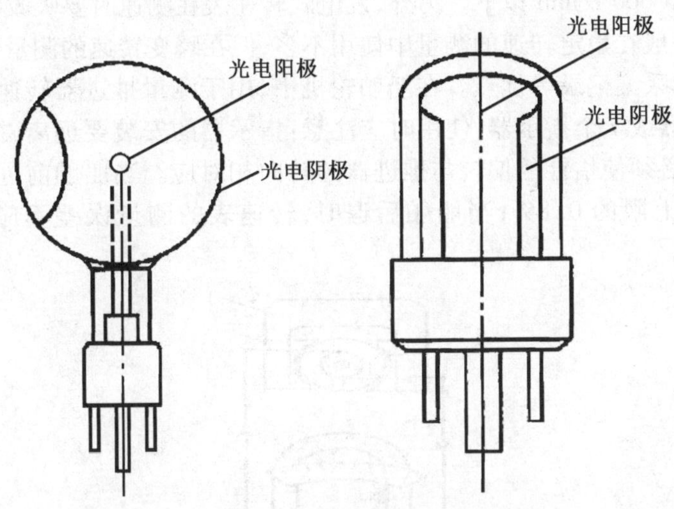

图 1-7-2　光电管的结构

目前已有多种测量转速用的光电转换元件（传感器）和光电式转速计可供选用，其测速范围可达每分钟几十万转，不仅使用方便，而且对被测旋转体无干扰。

6. 磁电式转速计

磁电式转速计的工作原理是电磁感应，是利用电磁感应原理将物体的转速（转动的频率）转换为感应电势的频率。磁电式转速计是不需要辅助电源就能把被测对象的机械能转换为易于测量的电信号，也属于非电量电测量的方法。

磁电式转速计是一种有源转速计，有时也称为感应式转速计。由于它有较大的输出功率，故配用的电路比较简单，性能也比较稳定，其工作频率一般为 5~500 Hz。但是，由于磁电式转速计对被测转轴有一定的阻力矩，并且低速时其输出信号较小，所以，磁电式转速计不适合用于低转速和小扭矩转轴的转速测量。另外，感应电势的幅值也与转速有关，因而通过测定感应电势的大小，也同样可测定转速，但这种方法实际上用得很少，而改用发电式转速表。

7. 发电式转速表

与磁电式转速计相同，发电式转速表的工作原理也是电磁感应，利用电磁感应原理将物体的运动转换为感应电势的输出。与磁电式转速计不同的是，发电式转速表是让被测转轴带动测速发电机，通过测量测速发电机所输出的感应电动势的大小（而不是感应电动势的频率）来确定被测转轴的转速。感应电动势的大小通常由磁电式电压表来测量，但其表盘刻度并不是 V（伏特，电势的单位），而是 r/min（转每分钟，转速的计量单位）。

测速发电机有直流和交流两种。

图 1-7-3 所示为带直流测速发电机的发电式转速表的工作原理示意图。直流测速发电机的定子 1（永久磁铁）用于激磁，转子 5 与被测转轴相连接。当测速发电机的转子 5 随被测转

轴一同旋转时，转子线圈将切割定子1（永久磁铁）磁场内的磁力线，从而在转子线圈中产生出感应电动势，其大小与被测转轴的转速成正比。将其送入磁电式电压表，即可通过电压表的指针2示出转速的测量值。

但由于直流发电机的整流子容易产生干扰信号，同时也比较容易出故障，所以最好采用交流测速发电机。测速发电机容易受环境温、湿度及电方面的干扰，所以误差一般在1%～2%，其测速范围一般在5 000 r/min以下。另外，发电式转速表在测速时要吸收掉一部分被测转轴的旋转功率，所以一般在稳定转速的测量中使用不多，但在瞬变转速的测量中发电式转速表却有反应快、信号易于采集记录等优点。在船舶轮机中，用于测量推进器转速的发电式转速表，通常带有4个指示器或7个指示器，使用时应注意：指示器的安装要远离磁场和蒸汽管；在电路中并联时的极性必须使指针的偏转与推进器的转向相对应。当船舶前进时，转速表的测量误差不应超过表盘上限的0.8%；当船舶后退时，转速表的测量误差不应超过表盘上限的1.2%。

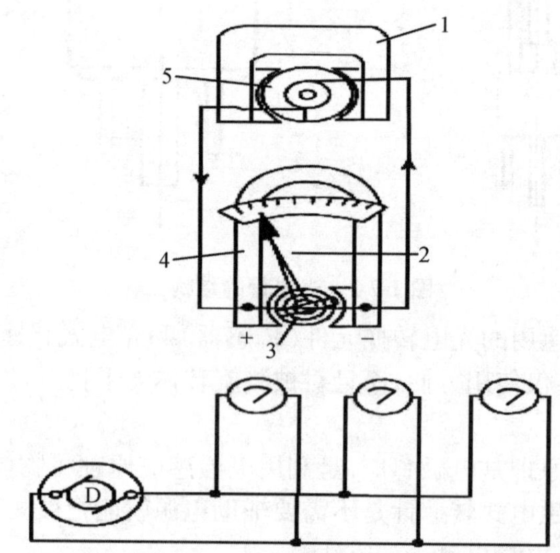

图1-7-3　带直流测速发电机的发电式转速表的工作原理示意图

1—定子；2—指针；3—电压表活动绕组；4—电压表磁铁；5—转子

项目二 船舶发电柴油机操作与运行管理

●能力目标

1. 发电柴油机正确备车操作。
2. 发电柴油机运行时对各参数的检查与调整。
3. 发电柴油机正常运转时担任值班检查的工作。
4. 发电柴油机故障判断与分析。

任务一 船舶发电柴油机备车准备工作

发电柴油机的工作原理与主柴油机相似,在功能上是把柴油机所产生的机械能通过发电机转化为电能,一般在船舶备车时要增开发电柴油机,或者在发电柴油机切换时需要操作,如图 2-1-1 所示。

一、发电柴油机启动前的准备

启动发电柴油机前应检查各组成部分是否正常,各附件连接是否可靠。认真检查以下介

图 2-1-1　船舶发电柴油机

绍的各个系统。

1. 润滑系统准备

(1)检查油位与油质。应特别检查下列各处的油位与油质,确保油位在规定范围内(一般在视窗上标有刻线):循环柜(或油底壳,图 2-1-2)、换气机构循环油箱、增压器(图 2-1-3)、调速器(图 2-1-4)组合式高压油泵凸轮轴油箱、发电机轴承等。

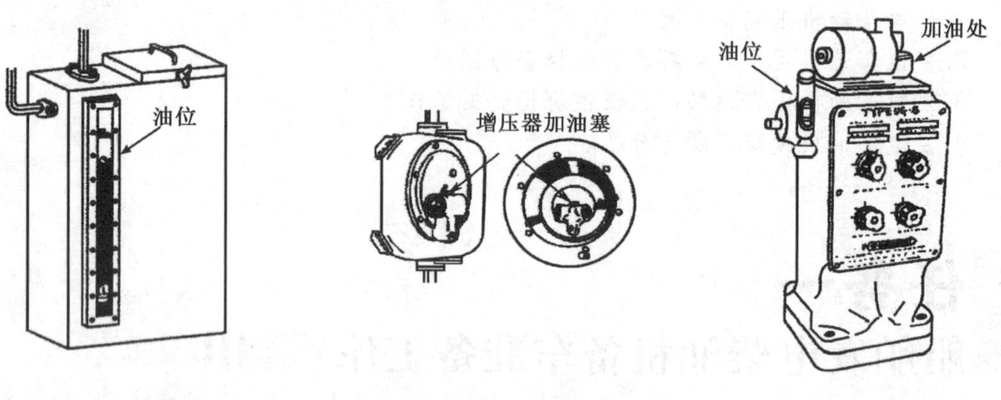

图 2-1-2　循环柜　　图 2-1-3　增压器　　图 2-1-4　调速器

(2)检查并打开滑油泵进、出口阀。

(3)向所有的手动注油部位注油。

(4)若停车间隔时间过长,应按如下方法操作:

①打开曲轴箱道门,在泵油的同时,注意观察各轴承的流油情况,各轴承处流出的油量应均匀。

②用干净的棉布或吸潮的材料擦去曲轴箱内的凝水或铁锈等,如图 2-1-5 所示。转动曲轴将该缸盘车至上止点,在气缸下部喷洒润滑油。其他各缸也如此操作。

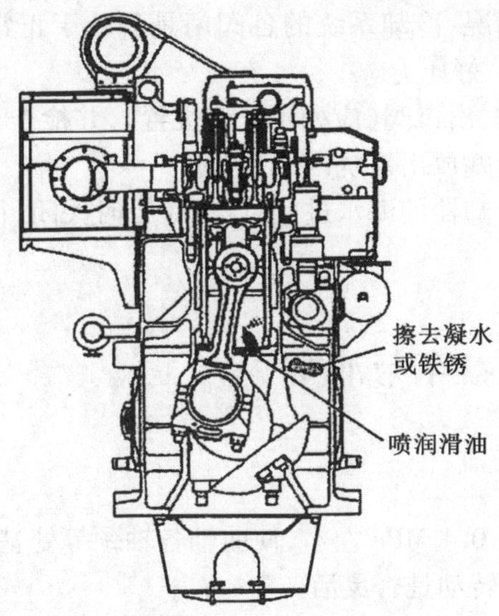

图 2-1-5 柴油机结构示意图

2. 燃油系统准备

(1)检查轻油日用柜的油位,不足的应补充,并进行放残。检查日用油柜的出口阀是否已开启(常开),打开燃油进机阀。

(2)系统放气。打开图 2-1-6 所示燃油滤器上的放气螺钉,用燃油输送泵上的手泵泵油,以驱除燃油管路中的空气;或打开图 2-1-7 所示的喷油泵上的放气螺钉,摇动喷油泵的单缸停油机构泵油,逐缸进行驱气。放气后旋紧放气螺钉。

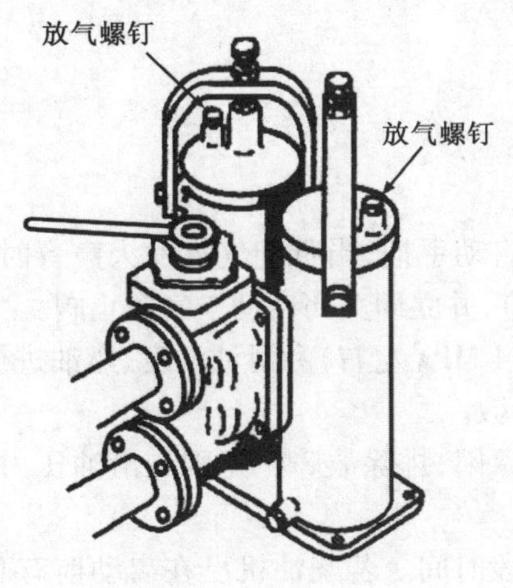

图 2-1-6 燃油滤器放气

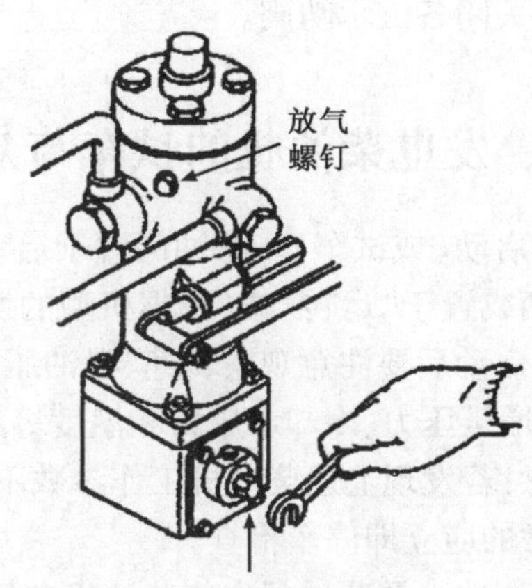

图 2-1-7 喷油泵放气

(3)手动拉动各缸高压油泵的油门拉杆,拉杆应灵活。

3. 压缩空气系统准备

(1)检查空气瓶压力是否正常,不足的应补气,并注意放残。

(2)打开空气瓶的出气阀。

4. 冷却系统准备

(1)检查膨胀水柜的水位,不足则应补充。

(2)检查辅机淡水泵的情况,冷却系统的各阀门是否处于正常位置。如各柴油机配置独立式淡水泵的则应启动并调节好压力。

(3)检查辅机海水泵的进、出口阀(应处于开启位置),并检查其运行情况。

(4)通过系统中的放气旋塞放出系统内的空气。

(5)淡水冷却器和滑油冷却器的海水进、出口阀应暂时关闭,待柴油机运行后,油、水温度升高时再行开启和调节。

二、发电柴油机的盘车与冲车

1. 手动注油和盘车

(1)检查并打开示功阀。

(2)用手摇滑油泵泵压至 0.1 MPa 左右,使曲轴各轴颈等处基本有油,以免干摩擦。同时盘车,注意观察各运动部件的转动是否灵活。

2. 冲车

(1)确认盘车机构或盘车机已经脱开,示功阀已经打开,燃油手柄放在停油位置。

(2)打开机旁的启动空气截止阀。

(3)按下或拉起启动手柄,用压缩空气驱除气缸内的积油、积水和积炭。冲出后立即松开或将启动手柄拉回至停车位置。

注意:冲车时,如发现气缸内吹出大量的水雾,则应特别仔细检查水的来源,切不可忽视。冲车时还应注意观察主启动阀、空气分配器、气缸启动阀的工作是否正常,废气涡轮增压器的转子是否灵活。

(4)关闭各缸示功阀。

三、发电柴油机的试车与启动

(1)启动(或试车)。将油门置于启动位置,按下启动手柄,当听到气缸发火声音时,松开启动手柄或置于“运转”位(根据机型的操纵方式不同),并立即关闭启动空气截止阀。

(2)启动后要注意观察转速、滑油压力(通常为 0.4 MPa 左右)和滑油温度、燃油进机压力和油温、增压压力、冷却水压力和温度等柴油机工作参数。

注意:若发现上述柴油机工作参数不正常应查明原因,排除故障。特别是滑油压力,若出现不正常的应立即停车检查。

(3)调速。调节油门先使柴油机在低速下运行一段时间。若柴油机已在启动前有暖机措施(如两台辅机冷却水联通),应使其运行 10~15 min,而后逐渐加速至空载额定转速。若无暖机措施,则应等待滑油冷却水的温度至 35~40 ℃时,再调整至空载额定转速。当转速进入临界共振转速禁区时应快速通过。

任务二
船舶发电柴油机运行管理

值班人员对于运行中的发电柴油机应定期进行巡回检查，并按规定时间将有关参数记录在辅机日志中。注意检查燃油、滑油、冷却淡水、冷却海水、柴油机排气等温度值并正确调节至规定范围内；检查燃油、滑油、冷却淡水、冷却海水、扫气等压力值并正确调节至规定范围内；检查燃油、滑油循环柜、增压器滑油、冷却淡水等液位值并正确调节至规定范围内；注意观察膨胀水柜、海水泵、淡水泵、增压器、喷油泵、高压油管、喷油器、过滤器、曲轴箱道门、主轴承等零部件的工作状况。

一、冷却系统的管理

1. 检查膨胀水柜

(1)检查水位是否在规定范围内，不足应补充淡水。

(2)检查水量消耗是否正常。若发现水位下降速度超过正常值，必须立即查明原因并予以消除。

(3)要注意查看膨胀水箱的透气管是否有大量的气体逸出，并留意气体是否有烟味。观察气缸盖冷却水回水视流器中有无气泡。如有烟味、气泡过多等不正常情况出现，说明气缸盖、气缸套可能有裂纹，此时的缸套水泵的压力表指针也会产生较大波动，应立即寻找原因采取措施。

2. 检查和调整缸套水温度

(1)检查各缸的缸套水温度是否在正常值之内。某缸的水温过高或过低，说明该缸负荷可能过高或过低，应结合排气温度和爆发压力的高低一起考虑判断。如冷却水温、排温、爆发压力都有相应的变化，基本上是喷油设备工作不正常使燃烧不良，导致冷却水温度不正常。如果燃烧情况正常，只是冷却水温度变化，就要进一步检查冷却水道是否阻塞，或是否出现拉缸。单缸温度即使增高 2~3 ℃，也应仔细检查，做出正确的判断。

(2)检查各缸的缸套水的进、出机温差是否控制在 12 ℃之内。冷却水温差过大或过小可能会造成冷却过度或不足。

(3)要经常用手触摸各缸体和缸盖表面，检查温度是否正常。此方法可用来判断个别气缸是否有因冷却水流动不畅而温度计又失灵，导致柴油机过热的情况。

(4)冷却水温可用副机淡水冷却器的淡水旁通阀或海水节流阀来调节。如当水温过高时，可用关小淡水旁通阀或开大海水节流阀的方法调节。冷却温度应按说明书的要求进行调整。一般用淡水冷却的副机，淡水出机温度应是 60~80 ℃；直接用海水冷却副机缸套的海水出机温度应是 40~50 ℃，最高不得超过 55 ℃，以防盐析。

3. 检查和调整缸套水压力

(1)检查各管系及阀门连接处是否有泄漏。

(2)检查缸套水压力表读数是否正常,通常其压力应高于海水压力。若压力过高或过低可通过调节副机淡水泵的出口阀。压力应按说明书的规定调整,不宜过高或过低。

(3)检查副机海水泵的工作情况是否正常,轴封是否漏水过多,海水压力是否正常。

二、润滑系统的管理

1. 检查滑油循环柜或油底壳的油位

(1)检查滑油循环柜或油底壳的油位是否在规定范围内,若不足应补充,但也不能超出上限。

(2)检查油位是否有不正常的升高或降低。循环油柜油位下降很快,一般来说是由于滑油系统有泄漏,如滑油冷却器泄漏使滑油漏入海水中;或因刮油环装反或失效引起滑油进入气缸内烧掉。此时应结合排烟是否发蓝,滑油冷却器出口的海水中有无油花来分析判断。油位上升主要是由冷却水或燃油漏入引起的,应结合膨胀水柜的水量消耗一起分析判断,查明原因加以消除。

2. 检查和调整滑油压力

(1)检查滑油压力是否在规定范围内,滑油压力调整可通过调节滑油泵上的调压阀来实现,且必须遵照说明书的规定压力进行调节。一般滑油进机压力为0.15~0.4 MPa,且高于海水压力。如滑油压力偏低,在调整之前应先查明原因,若是由滑油泄漏引起的,则应尽快找出泄漏之处。

(2)检查滑油过滤器前后压差是否正常,若不正常,则应转换过滤器并清洗。对于刮片式滑油过滤器应每班旋转刮油一次。滑油过滤器应定期清洗,清洗时要特别注意检查有无白合金碎屑或其他金属碎屑,安装后要将油充满并放尽空气以备用。如果滤器前后的压力都是下降的,则要特别注意是否有燃油或水漏入润滑系统中。

3. 检查和调整滑油温度

检查与调整滑油的油温,使之处于正常的范围内。滑油温度应按说明书规定执行。一般地,滑油冷却器前的滑油温度为55~60 ℃,不应超过65 ℃,冷却器后的油温为45~50 ℃。

滑油温度的调整可通过滑油冷却器的滑油旁通阀来调节。如当油温过高时,可关小旁通阀。由于这样的调节方法可能引起滑油压力的波动,所以一般通过调节滑油冷却器的海水旁通阀来控制温度。关小海水旁通阀,也就增大了冷却水量,可使油温下降,反之则升高。

在检查时,若发现滑油温度有不正常升高的现象,应尽快查明原因并消除之。若是因滑油冷却器冷却效果不佳引起的,则应在停机后清洗冷却器。

注意:因活塞环失效或磨损过度(造成窜油、窜气严重)或超负荷运行等,都会引起滑油温度的不正常升高。

4. 其他检查

(1)用手触摸或用测温器检查各缸曲轴箱道门盖板附近的温度是否正常。以此方法可检查判断轴承的工作情况。若发现个别缸的道门温度异常高,表明该缸轴承已有烧损迹象,应及时停车检查。

(2)检查废气涡轮增压器轴承的油位和油的颜色是否正常。当发现滑油变黑或有乳化现象时,应检查原因并及时处理。

(3)检查发电机两端轴承的油位是否正常,不足应补充。

(4)检查调速器的油位是否按规定保持在指示玻璃管高度的 1/2 处。

三、燃油系统的管理

1. 检查和调整燃油压力

(1)检查燃油的压力值是否在规定的范围内。辅机燃油泵的输出压力一般已设定好,正常运行时无须调整。燃油压力值一般按柴油机说明书的规定设定,需调整时可通过燃油泵自带的调压阀进行调节。

当燃油压力过低时,应查明原因。如泵的工作是否正常,轴封是否泄漏,燃油系统中是否含有空气等。若燃油中空气含量过多,除出现燃油压力过低外,压力表的指针也会明显摆动,此时应在燃油过滤器处或高位处通过放气螺钉充油驱气。

(2)检查燃油过滤器是否脏堵。

2. 检查燃油日用柜

(1)检查油位,并及时补足。要定期进行燃油净化工作,用分油机分杂和分水。保证日用油柜有足够数量和高质量的燃油。

(2)每班定期放残一次。定期将沉积于日用油柜底部的杂质和水分通过放残阀排出。若长期不进行油柜放残,沉积于日用油柜底部的杂质和水分可能会进入燃油管系危害喷油设备和柴油机,或直接造成停车事故。

3. 检查和调整重油温度

当使用重油时,应特别注意保证适当的燃油预热温度。燃油的加热温度应使进机前的燃油黏度降到保证雾化良好的标准,这个范围约为 12~25 mm^2/s。使用蒸汽加热的,应调节好燃油加热器的蒸汽阀开度。

4. 检查喷油设备的工作状态

(1)检查高压油泵工作是否正常。

(2)检查喷油器工作是否正常。

(3)检查高压油管脉动和温度是否正常。

如果高压油管发热,脉动增强,则说明喷油器堵塞(喷油器喷孔堵塞或针阀在关闭位置咬死),此时该缸的排气支管上的温度计指示的温度很低。如果高压油管脉动微弱,是柱塞或针阀密封不良或针阀在开启位置咬死或喷油器弹簧折断所致。高压油管脉动微弱,排温增高,爆压较低,表明燃烧不良或后燃烧严重,则主要是由针阀和阀座密封不良而产生滴油所致。若高压油管无脉动,泵体发热,则可能是油泵柱塞卡滞或出油阀在关闭位置咬死,该缸的排气支管上的温度计指示的温度很低,表明燃烧室内无燃烧;而当排温和爆压均低时,则可能是由于高压油泵泄漏太多使供油太少所致。

四、增压系统的管理

(1)检查增压器冷却水温度,水温最高不超过 90 ℃。

(2)检查增压器转速及扫气压力。

(3)检查增压器涡轮端的进口废气温度。

(4)检查增压器的运转情况。

五、其他方面的管理及注意事项

1. 检查各缸的排气温度和排气烟色

(1)各缸的排气温度不要超过规范(或按柴油机说明书要求)。要避免在各缸负荷严重不均匀的情况下运转。一般地,各缸的排气温度差不得大于30 ℃,各缸油泵齿条刻线应相等,不应超过±1格刻度。发现排温过高或过低,要及时查明原因并排除之。若某一缸排气温度低于各缸平均值,则可能是该缸喷油量较小而使负荷不均。若某一缸排气温度超过平均值较多,则有两种可能:一是该缸喷油量太多而超负荷;二是由于喷油设备发生故障而出现严重后燃现象。至于究竟属于哪一种情况,还须从其他方面进行观察。因该缸负荷过大引起排温过高的可单调该缸油泵的喷油量,如图2-2-1所示。此项调节应在停车后进行,并注意调节后油门总杆处于停车位时各油泵齿条应在“0~2”刻线之间。

(2)定期检查柴油机的排烟。柴油机排气的正常烟色是隐约可见的淡灰色。若发现冒黑烟,则表示燃烧不正常;若排气冒蓝烟,说明燃烧室中有润滑油被烧掉;若排气冒白烟,则说明燃烧室中有水分蒸发。

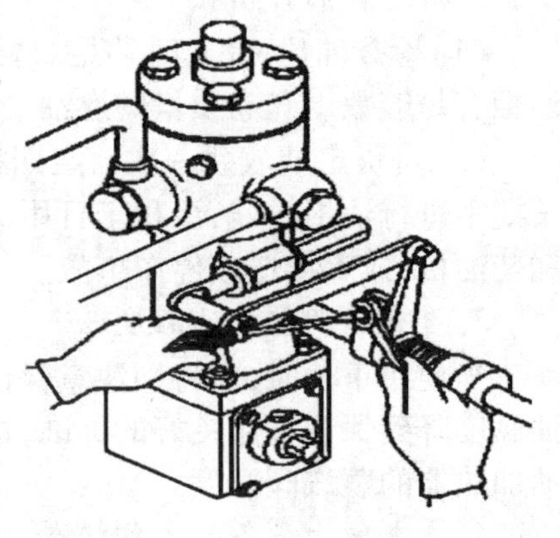

图2-2-1 喷油泵油门刻度调节

要判断哪缸不正常,还须观察各缸排温。一般燃烧不正常的气缸排温比正常的气缸高。但应注意的是,排气烟度增加表示不完全燃烧加重,而排温高是后燃加重之故,后燃加重并不一定会冒黑烟。

2. 检查各缸的燃烧情况

利用爆压表测取最高爆发压力和压缩压力,如图2-2-2所示,以判断柴油机燃烧室内的工作状况。记录各缸的爆压值,在进行供油定时的调节时可依据此值。

可使用烟气分析仪或制作各缸的排气烟色图,经分析比较可查出工作不良的气缸。在安全的前提下,也可打开示功阀,观察各缸从示功阀处喷出的燃气情况。

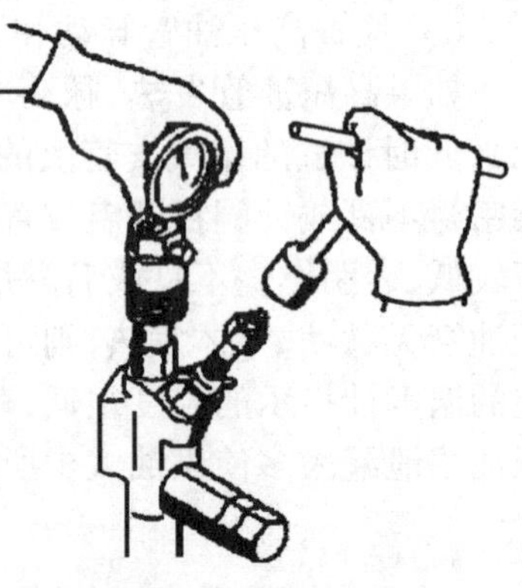

图2-2-2 气缸压力测量

3. 检查配电板有关参数

检查配电板上相关参数,如频率、电压、电流和功率等,见图2-2-3。

4. 检查柴油机的密封情况

除经常检查油、水、气各管路的密封情况外,还应经常检查柴油机进、排气管系的密封性,固紧螺母是否松动,膨胀接头、胶管等是否正常,防止漏、冒、跑现象。密封不良将影响柴油机的性能。

图 2-2-3 配电板

5. 注意柴油机负荷的控制

新机或大修后的柴油机,应进行磨合,在磨合过程中应严格控制负荷。磨合所需时间主要取决于活塞环及气缸套的表面情况、燃油和润滑油的质量以及柴油机的负荷和转速。磨合结束前,除短时间的性能试验外,不要燃用重油,否则会造成活塞特别是在活塞环附近被燃烧渣滓严重污染。为使磨合过程迅速,润滑油采用不加碱性添加剂的纯润滑油(如 SAE - 40),油量的控制是初期多些(特别是在第一个 24 h 内),而后逐步减少到规定值。负荷的控制也应逐渐增加,连续运转并需定时检查。一般在第一个 24 h 内,先使柴油机在低负荷下运转(视情可逐渐增至 50%~80%额定功率),此时应特别小心,勤于检查。

磨合完成后,为保证柴油机在正常情况下的可靠运转,应尽量避免柴油机在 50%额定负荷下即低负荷下长期运转。

6. 人工加油

需人工加油部位应定期加油、补油。

项目三 柴油机辅助设备操作与运行管理

●能力目标

1. 空压机的正确操作与运行管理。
2. 分油机的正确操作与运行管理。
3. 海水淡化装置的正确操作与运行管理。

任务一 活塞式空压机操作与管理

活塞式空气压缩机是利用活塞在气缸内往复运动,周期性地改变气缸的工作容积,以完成对空气的吸入、压缩和排出。其型式较多,现以 CZ60/30 型空压机为例,基本结构见图 3-1-1。

一、启动前的准备工作

(1)一般性检查,应无妨碍转动的障碍,仪表装置正常,并手动盘车确认回转无异常。

(2)检查曲轴箱的油位是否在油尺两刻度线之间。采用油勺飞溅润滑时,以曲轴在下止

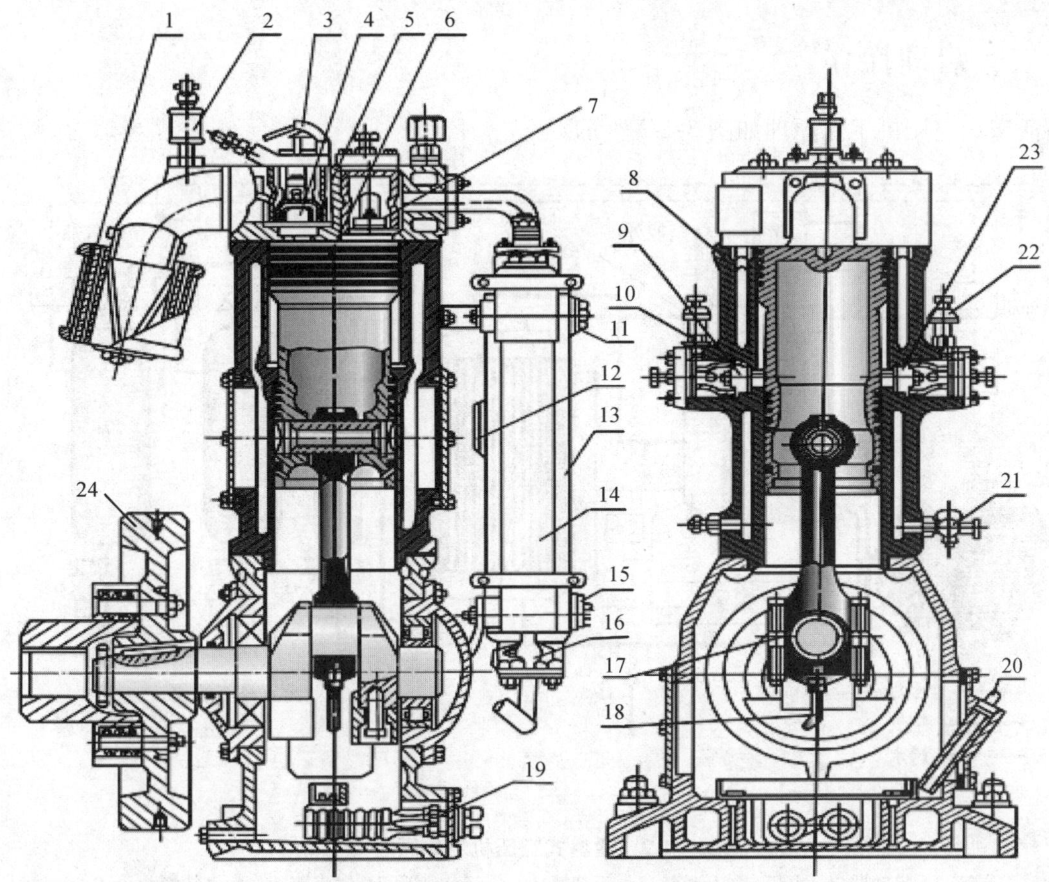

图 3-1-1 CZ60/30 型空压机结构示意图

1—空气滤清器;2—滴油杯;3—卸载机构;4—一级吸气阀;5—气缸盖;6—活塞;7—一级排气阀;8—气缸体;9—三级吸气阀;10—一级安全阀;11、15—防蚀锌棒螺塞;12—安全膜;13—冷却器;14—气液分离器;16—泄放阀;17—曲轴;18—击油勺;19—滑油冷却器;20—油尺;21—泄水旋塞;22—二级安全阀;23—二级排气阀;24—飞轮(兼联轴器)

点、油勺浸入油中 20~30 mm 为宜,油勺应离曲轴箱底 2~3 mm。如果油位太低会造成润滑不良,甚至使轴承烧坏;而油位过高则飞溅量太大,使耗油量和耗功量增加,而且过多的油量窜入气缸不仅影响空气质量,结焦过多还易使气阀和活塞环失灵。

(3)如果低压级气缸采用滴油润滑时,启动前油杯中的油位应不低于 1/3,并将滴油速率调至每分钟 4~6 滴。

(4)供给冷却水。打开冷却水系统各阀,并开启进水管路上的试水考克或气缸下部的冷却水腔泄水阀,检查有否冷却水及水压是否正常。

(5)检查电源是否连接牢固,电压是否正常,并及时排除故障。

(6)非自动卸载式空压机应手动开启各卸载装置,并检查各级排气端泄放阀使其保持开启状态(根据不同机型正确掌握卸载启动方式)。

二、启动操作

活塞式空压机工作原理如图 3-1-2 所示。

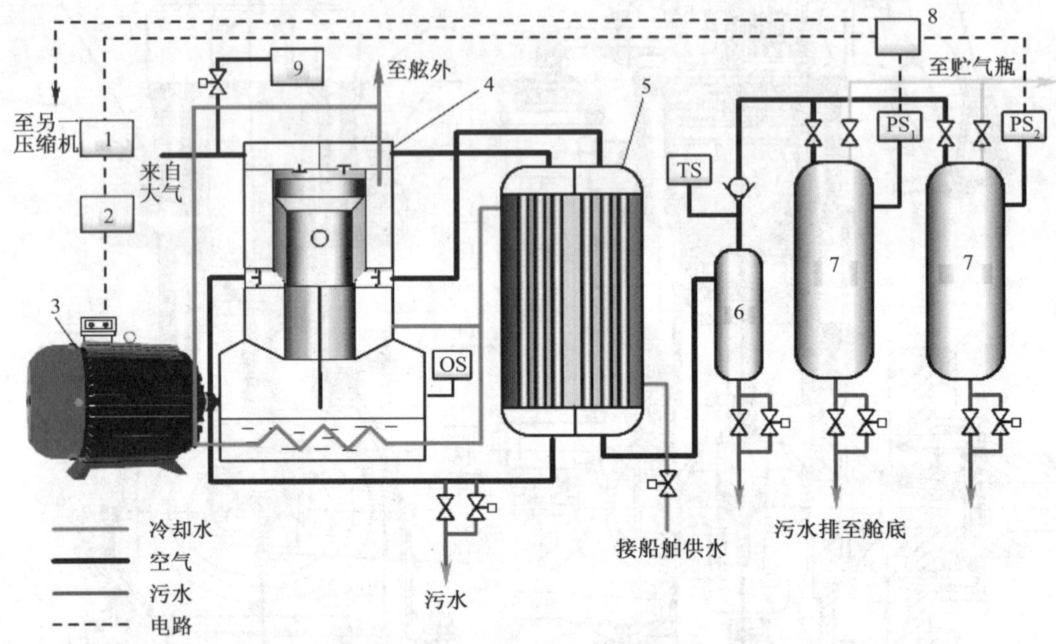

图 3-1-2　活塞式空压机工作原理图

1—控制箱;2—启动器;3—电机;4—压缩机;5—冷却器;6—气液分离器;7—空气瓶;8—次序转换装置;9—油箱;OS—油位继电器;TS—温度继电器;PS_1、PS_2—压力继电器

(1)开启通往空气瓶管路上的截止阀及止回阀。

(2)按启动按钮启动空压机,注意观察启动电流及听声音,如电流过大或声音异常应立即停车检查。

(3)对于采用压力润滑的空压机,启动初始应密切注意观察压力表压是否达到规定范围。

(4)通常采用手动操作的方式启动空压机后,应将两只空气瓶的空气压力补足到规定压力(2.5~3.0 MPa),并注意定期泄放残液。

三、运行中的管理

(1)检查压力表显示是否正常,以判断气路畅通情况,压力表是否损坏。

(2)注意检查高低压及排出压力表上的读数是否在规定范围内,因为工作中各级排气压力是随排出容器中的压力升高而逐渐升高的。

(3)注意检查曲轴箱内润滑油位和油质,油位应保持在规定范围之内。检查中若发现油位增高和油质乳化,应停车查明水的来源。

(4)注意检查润滑油的压力和温度,当吸气温度不超过 45 ℃时,用水冷却的空压机滑油温度应不超过 70 ℃,采用风冷却的应不超过 80 ℃。

(5)注意观察各级气缸的排出温度,一般风冷式空压机的排气温度应不超过 160 ℃,水冷式空压机的排气温度应不超过 200 ℃。

(6)检查中万一发现压缩机在工作中供水中断,必须立即停车查明原因。一般空压机冷却水进、出口温度差不超过 13 ℃。

(7)定期开启冷却器和液气分离器下部的泄放阀,排放残油和冷凝水,以免其进入空气瓶,冷却器 2 h、空气瓶 4 h 排放一次冷凝水和残油。排放的水液应虽然在水面能看到油渍,但用手捻又无油腻感,否则将认为有过多的润滑油进入气缸。

(8)注意检查空压机与电动机的连接情况,查看地脚螺栓是否松动,及其空压机管系中接头的紧密性。

四、正常停机

(1)工作中当空气瓶压力达到上限时,如果是自动控制的空气压缩机会自动停机,如果不是,应手动切断电源,停止空压机工作。

(2)停机前首先应打开卸载和液气分离器泄放阀,减小负荷和排污。

(3)关闭冷却水截止阀和滴油杯的油量调节阀。

(4)如果是正常工作过程中短时间的程序性停机,还应保证随时都能启动空压机投入运行。

五、活塞式空气压缩机的常见故障分析与处理

1. 排气温度过高

(1)排气压力过高:检查原因并排除。

(2)气阀泄漏:检修或更换气阀。

(3)冷却不良:改善冷却条件。

(4)吸气温度过高:检查原因并排除。

2. 排气量下降

(1)转速下降:调节转速。

(2)泄漏:检查原因并排除。

(3)余隙容积过大:调整余隙。

(4)冷却不良:加强冷却。

(5)吸气滤器脏堵:清洗滤器。

3. 异常敲击声

(1)轴承间隙过大:调整间隙。

(2)紧固件松动:重新上紧。

(3)气缸余隙过小:调整余隙。

(4)液击:检查液击原因。

(5)曲柄与气缸对中不良:重新校正。

(6)异物进入气缸:检查并取出异物。

4. 级间压力过低

(1)级间冷却器泄漏:查漏并修复。

(2)前级排气量减少:检查原因并排除。

5. 级间压力过高

(1)级间冷却不良:加强冷却。

(2)后级排气量减少:检查原因并排除。

(3)活塞环密封不良:换活塞环。

任务二 分油机的操作与运行管理

一、分油机的认识

船舶动力装置所用的燃油和滑油含有水分和固体杂质,将严重影响柴油机的运转和使用寿命。因此对油类必须进行净化处理。燃、滑油净化处理的方法有三种,即过滤器过滤(只能净化油中粗粒杂质,故只作为辅助净化之用)、重力沉淀(虽能将水和杂质分离出来,但速度慢、历时长,在船舶摇摆时净化质量无法保证)、分油机分离净化(净化程度高、速度快,受船舶摇摆影响小)。

船用分油机以离心式分油机为主,主要有以下类型:

(1)就结构上分有碟(盘)式离心机和管式离心机两类。它们仅在结构上有些区别,其工作原理是一样的。目前船舶基本上采用碟(盘)式离心机。

(2)就操作方式可分为人工排渣、手控排渣、程控排渣和连续排渣四种。

(3)就其主要用途又有分水机和分杂机两种。分水机又称净化器,主要用于净化油料中的水分,但也起分杂的作用;分杂机又称澄清器,主要用于净化油料中的固体杂质,而无分水功能。

(4)就其净化对象可分为燃油分油机、润滑油分油机。分杂机与分水机在船舶油料净化系统中可以单独使用,对不同的油料进行净化,所以有燃油分油机、润滑油分油机之分。

(5)其连接方式有串联和并联两种。并联运行可以提高分油量,串联运行不但可提高分油量,更可提高分油质量。在实际应用中分油机串联运行时,多是分水机在前,分杂机在后,即先净化器,后澄清器,如图 3-2-1 所示。

二、自动排渣分油机的启动操作

自动排渣分油机的类型很多,但基本结构大同小异,如图 3-2-2 所示。

国产 DZY-50 型自动排渣分油机与 Alfa Laval MPX-309 自动排渣分油机的结构和工作原

图 3-2-1　机舱分油机

图 3-2-2　自动排渣分油机

理相类似,操作规程也基本相似。对全自动排渣分油机,分油机的启动可根据日用油柜的液位(高位和低位)信号自动控制或手动启、停。全部排渣或部分排渣时间间隔由预置的时间程序进行。工作中若发生故障,监视报警系统会自动发出声光报警,其启动、分离排渣、停车等过程全部由自动控制系统控制,也可进行手动操作。以下介绍手动操作程序。

1. 启动前检查

分油机具有转速高、离心作用力大、停车减速时间较长的特点,因此启动前必须认真做好检查工作。

(1)检查各运动部件的灵活性。经检查或检修后的分油机再次启动前应打开分油机上盖,退出并锁紧分油机止动器,并脱开制动器;手动盘动分离筒,以转动灵活、无卡阻现象为宜,检查电动机转动情况,检查完后盖上分油机盖并锁定。

(2)检查分油机传动齿轮箱的油位和油质。分油机传动齿轮油位应保持在规定范围内,油质如果发生乳化或已稠化时应及时换新。油泵处的油杯润滑油脂也应适量补充。

(3)检查并补充高置水箱的水位。分油机高置水箱的水位必须保持在要求的范围内,如不足,应及时补充。

(4)分油机控制阀应置于“空位”。

(5)检查待分离的沉淀柜油位、油温并放出残水。

(6)打开进油截止阀,将分油机进油旁通阀转至旁通位置,并关闭带流量表的进油阀。

(7)检查加热器,并在投入工作后察看油料是否加热到所需的分离温度。

2. 启动和运行

(1)启动电动机。经检查各部件均属正常时,可按下启动按钮,分油机启动后转速会逐渐加速,经 5 min 左右可达全速(运转声音正常,电流指示最小,计速器转数达到)。

提示:待分油机达到全速后,方可进行后续操作。

(2)密封分离筒。将控制阀由“空位”转到“密封”位置。观察指示管口,当看到有工作水从指示管流出时,即表示分离筒的密封已经完成,立即把控制阀转到“补偿”位置。

(3)建立水封区。打开分油机最上端的引水阀,将水封水引入分离筒内进行水封(分油机按分水机工作)。当出水观察镜处有水流出时,表明水封区已建立,即可关闭引水阀。

(4)分油作业。先开分油机出油阀,再转换旁通阀将油料引入分油机,缓慢调节分油机进油阀(带流量表),逐渐增至所要求的分离量。进油阀不可开得太快,若突然加大进油量,则猛烈进入分离筒的油料可能冲破水封区而引起大量跑油或造成溢油现象。当发生此类现象时,应立即切断进油,重新进行水封,再缓慢进油。

注意:当采用分杂机时,因无须建立水封区,不存在油料将水封冲破的问题,所以在把分离筒密封好后,应加快进油速度,提高分油质量。进油加快后,还能使油料中的杂质不易沉淀在分离筒底的转轴附近,从而提高分离效果。

(5)排渣操作。人工排渣、手控排渣式分油机连续工作一段时间后,必须进行分离筒的排渣工作。否则,积聚在分离筒内壁的污渣将显著降低分离效果。排渣的时间间隔决定于油料中杂质的含量和分油量的多少。若已知燃油中的杂质百分比和分油量,则可根据说明书提供的图表大致选定排渣的时间间隔。为保证分油机的正常工作,排渣时间间隔应不超过 4 h。进行排渣操作时,首先转换旁通阀将油料旁通,关闭待分油料的进油阀,停止进油。再开启引水阀,将水引入分离筒内赶走剩油,当净油出口观察镜中无油流出时表明剩油已赶尽,即可关闭引水阀。

将控制阀转到“开启”位置，进行自动排渣，3～5 s 后，当听到排渣的冲击声时即告排渣结束，然后再向分离筒内引进热水冲洗分离筒 5～15 s，再将控制阀由“开启”转到“空位”位置。

注意：若油渣较多，可将冲洗、排渣过程反复几次，将油渣杂质排除干净。排渣结束后，如需继续分油作业，在将控制阀转至“密封”位置前，应使控制阀在“空位”位置至少停留 5～6 s，使滑动圈上腔的工作水排尽，以利后续的“密封”工作能顺利地进行。

三、运行管理

1. 应经常察看分油机各油、水、渣的观察镜内液流的情况

(1)通过出水观察镜，察看有无“跑油”或溢流观察孔有无溢流现象。如有，应及时调整并消除之。若当时无法消除，应考虑比重环选择是否合适。比重环又称重力环，是离心式分油机正常工作的重要部件。对于比重环的选择，应按油料的比重或密度和分离时的加热温度，根据分油机原配的比重环选择表(或图)来选用，以保证分油机的分油效果，避免跑油。

(2)排渣口不应有油、水流出，否则说明分离筒密封不良，须停车检修。

2. 检查油料的加热温度是否在要求的范围内

油料在分离前，要经过分油机加热器进行加热，以降低黏度，提高杂质、水和油之间的密度差，使油水混合物易于分离，提高分离效果。这个加热温度必须保证将油料黏度降至 44.7 mm^2/s(80 s)以下。但是油温又不能太高，因为当温度超过一定值(一般为 95 ℃)时，分离出的水分就会迅速蒸发而混入净油中，甚至渗入分油机润滑油箱中。因此，在这之间必然存在着一个最佳的加热温度。这个温度取决于油料的闪点、水的沸点和油料的品质。各种油料进入分油机时的适宜加热温度可查阅说明书图表。一般润滑油以不超过 85 ℃为宜。对于含水量多的燃油，第一级分水时加热温度不应超过 85 ℃，第二级分杂时可提高到 90～95 ℃之间。

3. 检查油料的分油量，使之保持最佳的分离效果

分油机的分油量(L/h)与它的分离效果有一定的联系。分油量越小，分离效果越好，就能分离出颗粒更小的杂质。但是，分油机的分油量必须满足船舶的油料消耗量，所以不能过分追求小的分油量。根据实践经验，一般最佳的分油量多采用分油机额定分油量的 1/3，即如果一台分油机的额定分油量为 3 000 L/h 时，最好只让它每小时分 1 000 L 左右的油料；重质燃油分油机一般分油量为额定分油量的 1/2 左右。有些分油机制造厂在实践经验的基础上，绘制了选择最佳分油量的图表，根据油料的品种和选择的加热温度，在图表上能够查出其最佳分油量。

4. 视情用热水清洗，保证油品质量

当油料中的含水量不大于 6%时，为了去除油料中的水溶性灰分(一般燃油中多是钠的化合物，如氯化钠等)，在分离油料的同时，打开引水阀，把热水注入分离筒清洗油料，清洗后的污水和油中的水分一起被分离出来。注水量不可太多，约为分油量的 1%，热水的温度要比油料的分离温度高 5～6 ℃。

在分离滑油时，也可以加热水冲洗，以便去掉机油中的酸，延长机油的使用期限。但应咨询润滑油厂，否则可能会把滑油添加剂洗掉，使油品质量下降。

5. 必须随时注意分油机运转部件的工作状态

当发现分油机运转不正常或噪声和振动太大时，应立即停车检查。应特别检查下列机电部件：

(1) 检查凸轮箱润滑油的油位和品质，必要时进行补充或停机更换。

(2) 检查电动机的工作温度，应保持在正常工作范围内。

(3) 检查齿轮油泵填料函处的密封是否良好，有无漏油现象。

四、分油机停机操作

当完成分离作业时，不能直接关闭电动机，应按下述步骤停止分油机：

(1) 关闭加热蒸汽阀，转换旁通阀，关闭进油阀。

(2) 改用轻油冲洗和置换管路中油料，以防止停车后油料在管系中凝固，当管路中充满轻油时再关闭轻油阀。

(3) 开启引水阀赶油，回收分离筒内的剩油，赶油完成后关闭引水阀。

(4) 将控制阀转至“开启”位置，进行排渣操作，排渣完毕后，将控制阀转到“空位”位置，并切断工作水，以防止高置水箱的水经配水盘流失。

(5) 按下电动机停车按钮，切断电动机电源。

提示：若分油机工作正常，没有必要提起刹车手柄来为分油机减速，除非分油机振动激烈或有其他故障时，为缩短停车时间而使用刹车。

五、常见故障现象表

见表 3-2-1。

表 3-2-1　常见故障现象表

故障现象	故障原因
分离筒达不到规定转速	制动器未松开；摩擦离合器内混入油脂，摩擦片打滑或损坏；电动机或电气设备故障
不能进油或分油过程断油	分油机的供油泵一般为齿轮泵，其不能供油的原因一般如下： (1) 由于泵或管路的问题不能产生足够低的吸入压力。原因是：油泵传动齿轮锥销折断；泵严重磨损，间隙太大；泵转速太低；吸入管漏气；油柜用空 (2) 泵吸入压力过低。原因是：油柜油位太低；供油泵前滤器堵塞或管路不通；油温太低、黏度太大
出水口跑油	(1) 水封未能建立或受到破坏。原因是：启动时水封水未加或加得太少；进油阀开得太猛，水封被破坏；油温太高，水封水被蒸发，水封被破坏；转速不足使水封压力不够；分离盘片间脏堵 (2) 油水分界面外移至分离盘外。原因是：重力环内径大；油未加热至要求值，密度大

续表

故障现象	故障原因
排渣口跑油	这是由于排渣口未能封闭,原因如下: (1)滑动圈不能上移堵死密封水腔泄水口。原因是:分离筒上小孔堵塞,不能泄水;滑动圈下方弹簧失效;滑动圈上方塑料堵头失密 (2)活动底盘下部缺密封水。原因是:高置水箱无水;工作水系统管道或控制阀堵塞或严重泄漏;活动底盘周向密封圈失效泄漏 (3)底盘与分离筒盖不能贴紧。原因是:底盘上端面主密封环失效;传动齿轮和轴承过度磨损使立轴下沉
不能排渣	这种故障多数是缺少压下滑动圈的工作水,可能的原因如下: (1)高置水箱无水 (2)配水管或控制阀堵塞或严重泄漏 (3)有关工作水孔脏堵不通 (4)滑动圈圆周面密封环失效
出现异常振动或噪声	(1)机械故障引起的:分离筒安装不正确、紧固件松动或与机盖、配水盘擦碰;传动机构因安装质量差或润滑质量差而损坏;轴承过度磨损而使立轴下沉;供油泵卡阻或损坏;摩擦离合器损坏或过度磨损,质量不均匀 (2)排渣不净,分离筒内积渣不均

项目四 部分船舶管系与泵的操作

●能力目标

1. 污水系统的正确操作与防污染设备的使用。
2. 压载水系统的操作与运行管理。
3. 舱底水系统的操作与运行管理。
4. 海水淡化装置的操作与运行管理。

任务一 油水分离器的操作和运行管理

一般而言,正常营运的船舶,机舱舱底积水量为1~10 m^3/d,对于20万吨~30万吨级的船舶,则可达到20 m^3/d左右。当船舶破损时,舱底水系统还可用于应急排出积水。货舱积水一般不含有油,可直接排放至船舷外;机舱积水一般都含油,故需要经油水分离器进行处理,当含油量低于15 ppm时方可排出舷外。如图4-1-1、4-1-2所示。

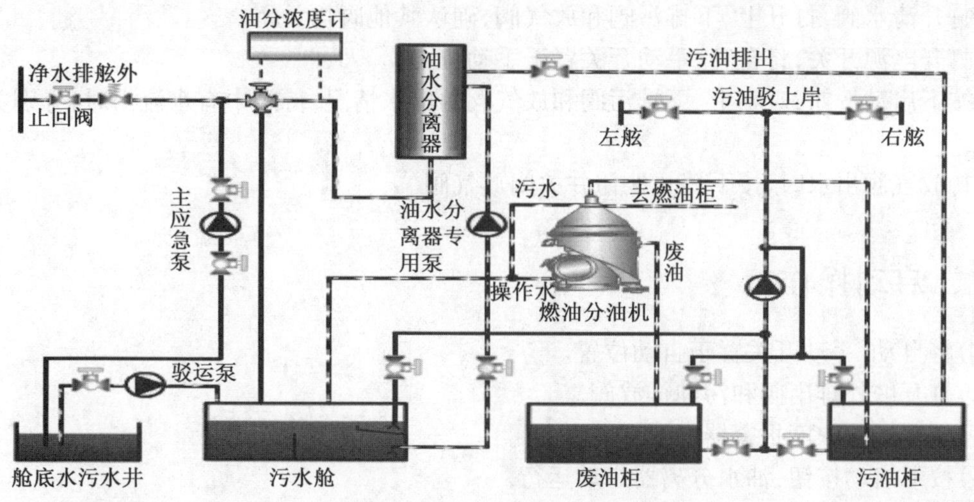

图 4-1-1　含油污水处理系统图

图 4-1-2　油水分离装置实物图

一、启动前准备工作

(1)咨询驾驶台确认排放污水区域。

(2)使分离筒内充满清水：

①打开清水阀，打开上、下排污阀和放气阀，确认其他阀均关闭。

②打开电源开关，将自动/手动开关置于手动位置。

③按下启动按钮，观察上、下排污阀和放气阀的出水情况，待阀中有水流出时，分别关闭上述各阀。

④待放气阀出水时，按下停止按钮并关闭放气阀。

二、启动操作

(1)将自动/手动开关置于自动位置。

(2)打开舷外排出阀和污油排放阀。

(3)打开油分浓度报警器电源开关。

(4)按下启动按钮，油水分离器启动运行。

三、启动后的运行管理

1. 启动后的常规检查

(1)检查油分浓度检测器，确保排出污水中的含油浓度小于 15 ppm，手动取样确认无明显油花。

(2)检查吸入压力，其值在 0 ~ -0.05 MPa 内波动，波动过小(吸入真空度过小，小于 -0.02 MPa)说明有泄漏现象，若波动过大(吸入真空度过大，大于-0.05 MPa)说明有堵塞现象，应及时排除。

(3)检查排出压力，一般应根据分离筒的排量和管系的直径决定或根据说明书的规定值确认，当排出阀未开或开度过小时，会使排出压力过大，引起安全阀起跳。

(4)检查泵的工作情况、齿轮箱的润滑及油位的变化，确认一切正常后，油水分离器进入正常工作状态。

2. 启动后的运行管理

(1)正常运行后应定时对上述启动后的常规检查项目进行检查，确保正常运行。

(2)当油分浓度报警器报警时应及时停止油水分离器的运行，进行手动排油和反向冲洗，再投入运行。

四、油水分离器的停车操作

(1)当污水井液位打至下限或船舶进入禁排区时，应立即停止排放，并停止运行。

(2)按下停止按钮，关闭排出阀。

(3)进行排尽分离筒内残油操作：

将自动/手动开关置于手动位置，按下启动按钮，观察排污情况，当有水出现时，按下停止按钮，排残油完成，关闭排污油阀。

(4)进行反向冲洗操作：排残油操作完毕后，只需打开反向冲洗阀，按下启动按钮，即可进行反向冲洗，冲洗时间根据分离时间长短和分离筒内污秽情况决定，一般为 30 ~ 60 s，完成后按下停止按钮,关闭反向冲洗阀。

(5)关闭总电源,同时关闭油水分离器清水阀,操作完毕。

(6)把整个操作过程详细记入油类记录簿。

任务二 船舶舱底水泵(往复泵)操作

舱底水是指机舱或货舱舱底积水,专门用于排出舱底积水的管路系统称为舱底水系统。

一、舱底积水的来源

舱底水来自以下几个方面:

(1)机舱内冷却水管路的海水、淡水的泄漏;蒸汽管路冷凝水的泄漏,水柜中水的泄漏和泄放;燃滑油管路、油柜及设备中油的泄漏等。

(2)艉轴填料函处的漏水。

(3)舱口流入的雨水。

(4)甲板冲洗用水。

(5)设备检修放水。

(6)货舱洗舱水。

(7)扑灭火灾用消防水。

(8)船体破损后进水。

舱底积水对船体有腐蚀作用;货舱积水会浸湿货物,造成货损;机舱舱底积水会使机电设备受潮或浸水损坏,影响机器正常运转,并给管理工作带来困难。当舱底水积存过多时,将会严重地影响船舶稳性并危及航行安全。

二、舱底水系统的作用

舱底水系统的作用是及时将机炉舱和货舱的舱底积水排至舷外。一般而言,正常营运的船舶,机舱舱底积水量为 1~10 m^3/d,对于 20 万吨~ 30 万吨级的船舶,则可达到 20 m^3/d 左右。当船舶破损时,舱底水系统还可用于应急排出积水。货舱积水一般不含有油,可直接排放至船舷外;机舱积水一般都含油,故需要经油水分离器进行处理,当含油量低于 15 ppm 时方可排放。

三、对舱底水系统的一般要求

(1)所有船舶均应设有有效的舱底水排放装置,以便能抽除及排干任何水密舱室中的水。

(2)机器处所舱底水的排出应符合防止船舶造成水域污染的有关规定。

(3)系统中的管路应能防止舷外水或自压载舱的水进入货舱或机炉舱,或从一舱进入另一舱的可能性。

(4)舱底水管路中的液流是单向的,只允许将舱室中积水向外抽出。为防止各舱舱底水相互串通,管路中的分配阀箱、舱底水管和直通舱底水泵支管上的阀门均应为截止止回阀。

(5)舱底水泵、压载水泵、消防水泵等若互相连通时,管路应保证各泵同时工作而互不干扰。

(6)对于客船,在事故后所有实际可能的情况下,无论船舶正浮或倾斜,应能抽除并排干任一个水密分舱内的积水,但固定油舱和水舱除外。

(7)排水管系的布置应在船舶正浮或横倾不超过5°时任何舱室或水密区域内的积水至少通过一个吸口排出。为此,除在短而窄的舱室内设1个吸口即可进行有效排水外,其余舱室一般均应在两舷设置吸口。

四、舱底水系统的组成

舱底水系统一般由水泵、水管、水吸口、阀件、吸入滤网等有关附件组成。下面以某一客船为例介绍舱底水系统的组成,该系统由机舱舱底水系统和应急舱底水系统组成。

1. 机舱舱底水系统

图4-2-1所示为某船机舱舱底水系统。机舱中所产生的含油污水会自动向舱底的各污水井汇聚而形成舱底水。如污水井液位达到一定高度,可利用日用舱底泵将其中污水输送至容积较大的舱底水舱进行储存。在适宜的条件下,可使用油水分离器对舱底水舱中的含油污水进行处理,然后在含油浓度不超过15 ppm的情况下排放入海。

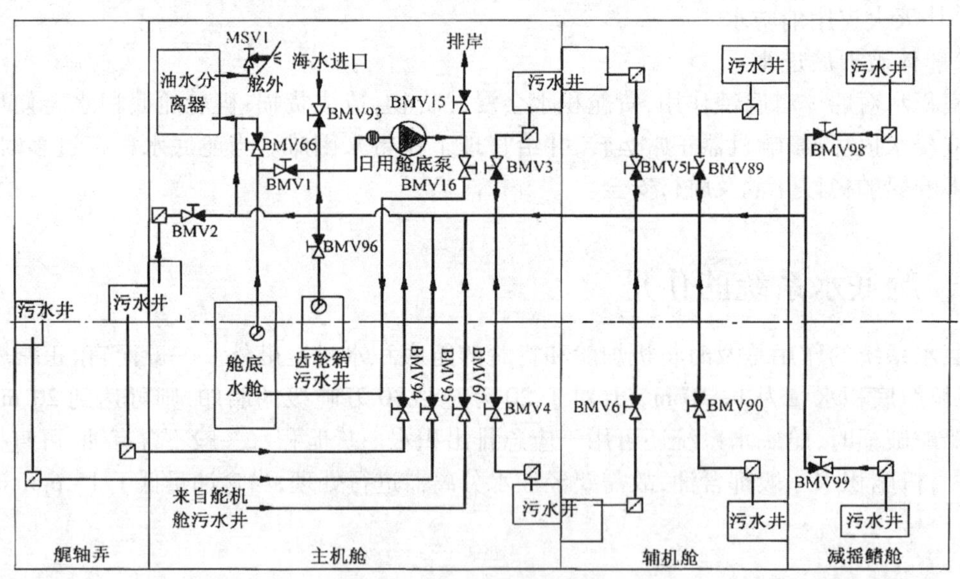

图4-2-1 某船机舱舱底水系统

此外,油水分离器也可以直接从各污水井吸入舱底水。日用舱底泵也可以经阀BMV15将舱底水通过通岸接头排到港口接收设施，以满足某些海域不允许任何舱底水入海的要求。日用舱底泵采用的是自吸能力较强的往复泵，一般不需引水便可实现自吸。在必要的时候，也可经阀 BMV93 将海水引入泵腔，以提高吸入性能。

2. 应急舱底水系统

某船应急舱底水系统如图 4-2-2 所示。

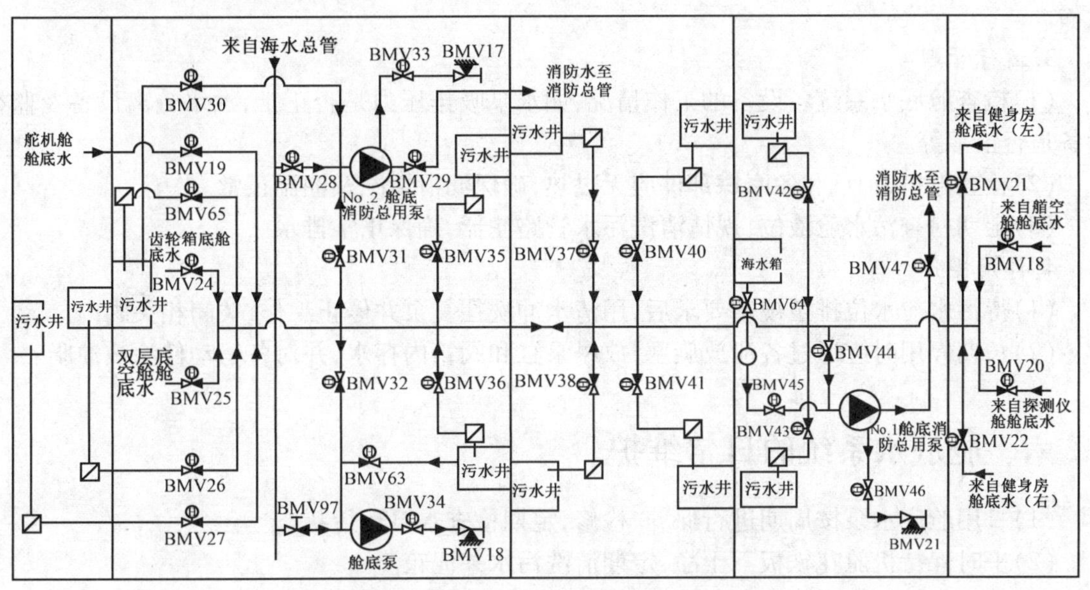

图 4-2-2 某船应急舱底水系统

舱底泵和 No. 1/No. 2 舱底消防总用泵均可以将舱底水直接排送到舷外。舱底泵为自吸离心泵，采用的是空气喷射器自吸装置。No. 1/No. 2 舱底消防总用泵还可以作为消防泵，向消防总管提供足够压力的海水。两台舱底消防总用泵结构完全相同，为两级自吸离心系（采用了水环泵自吸装置），其中，第一级用于泵送舱底水，出口通往舷外；第一、二级串联后泵送消防水，出口通往消防总管。系统中各阀大部分是电、液遥控蝶阀，可以在驾驶台或集控室控制站进行遥控操作。

机舱之外的健身房、测深仪舱等处的舱底水可以通过本系统排出舷外，但机舱舱底水不能随意通过本系统入海，只有在因船体或管路破损而导致机舱大量积水时，才允许通过本系统向舷外应急排水。

五、启动与停用操作

1. 启动前的准备工作

（1）检查并确认所需排放的污水舱的状态。

（2）检查齿轮箱及曲轴箱油位是否在规定范围内，久置未用或拆修过的泵，应盘车使曲轴转动 1~2 转，以查明有否妨碍运转的因素。

（3）正确操作需排放污水舱各阀门并确认其他舱阀处于关闭状态；正确开启往复泵吸排

阀,及油水分离设备相关阀门。

(4)检查电源及其他监视设备是否操作正常。

2. 启动操作

(1)启动舱底水泵排放污水前必须先经驾驶台同意方可进行。

(2)接通电源启动往复泵,确认运动部件无异常,吸排压力是否合适,密封填料无过多泄漏。

3. 运行管理

(1)检查舱底水系统各设备的工作情况,如水泵吸排压力是否正常,油水分离设备及监视设备是否正常等。

(2)检查电机、轴承和各摩擦部件应无过热,确保润滑情况及油温正常。

(3)定期检查污水舱液位,视情清洗污水管路滤器,确保正常排水。

4. 停用操作

(1)待污水舱水位排至规定要求后,用清水冲洗往复泵并停止工作,关闭相关阀门。

(2)长期停用时应通过各泄放旋塞,放尽泵缸和阀箱内存水,并对各运动件涂敷油脂。

六、舱底水系统的日常维护

(1)日用舱底水泵按周期进行保养、检修,定期检查水泵运行状态。

(2)平时保持机舱花铁板下干净,定期清洗污水井泥箱。

(3)定期试验各污水井高位报警功能是否正常。

(4)对管路上各阀门应定期活络,以防锈死。

(5)对于具有阀门遥控的舱底水系统,应定期在各遥控的操作部位进行系统操作试验,确保功能正常。

任务三 压载水系统(离心泵)操作与管理

船舶在营运过程中,需要根据具体的情况调整吃水、稳性、横倾和纵倾,这一任务可借助压载系统,通过改变各压载水舱中的水量来完成。因此,压载水系统既可以将舷外水注入各舱,又可以将各压载水舱的水排出舷外,还可以实现各压载水舱间的相互调驳。

一、对船舶进行压载和排载可起到的作用

(1)使船舶在横向保持平衡,在纵向有合乎要求的吃水差。

(2)使船舶具有适当的排水量和重心高度,以获得高的螺旋桨效率和合适的稳性。

(3)减小船体变形,避免产生过大的弯曲力矩和剪应力。

(4)减轻船体和轴系的振动。

二、对压载水系统的一般要求

(1)压载管系的布置和压载舱吸口的数量,应使船舶在正常浮态下排出和注入各压载舱的压载水。

(2)在压载系统的管路上,不能设止回阀和止回阀箱,压载舱长度超过 35 m 时,一般应在前、后端均设置吸口。

(3)压载水管系的布置,应避免舷外水或压载舱内的水进入货舱、机器处所或其他舱室。

(4)为了防止压载水管泄漏时海水进入货舱,压载水管如需通过货舱,皆应铺设在双层底空间,其吸入口在各舱的布置,应有利于压载水的排出。

(5)艏、艉尖舱的压载管在穿过艏、艉防撞舱壁时,应设有在上甲板能开关的阀门,以便在艉、艉处船体被撞破时,能将该压载管关闭。

(6)压载水管不得通过饮用水舱、锅炉水舱或滑油舱。如不可避免时,通过饮用水舱、锅炉用水舱、润滑油舱内的压载水管应加大壁厚。管子接头应采用焊接方式连接。

(7)干货舱或油舱(包括深舱)可能用作压载舱时,压载水管应装设盲板或其他隔离装置。淡水舱作为压载舱时,为避免两个系统相互沟通,也应符合这一要求。含油压载水排放应符合有关防污染规定。

海船的压载水舱容量甚大,一般杂货船可达船舶排水量的15%左右,其中艏、艉尖舱占总压载水量的12%~17%,其他大多存于双层底压载舱中。通常要求压载泵能在2~2.5 h内将最大的一个压载舱注满或排空,在6~8 h内将全船所有的压载水舱注满或排空,如图4-3-1所示。

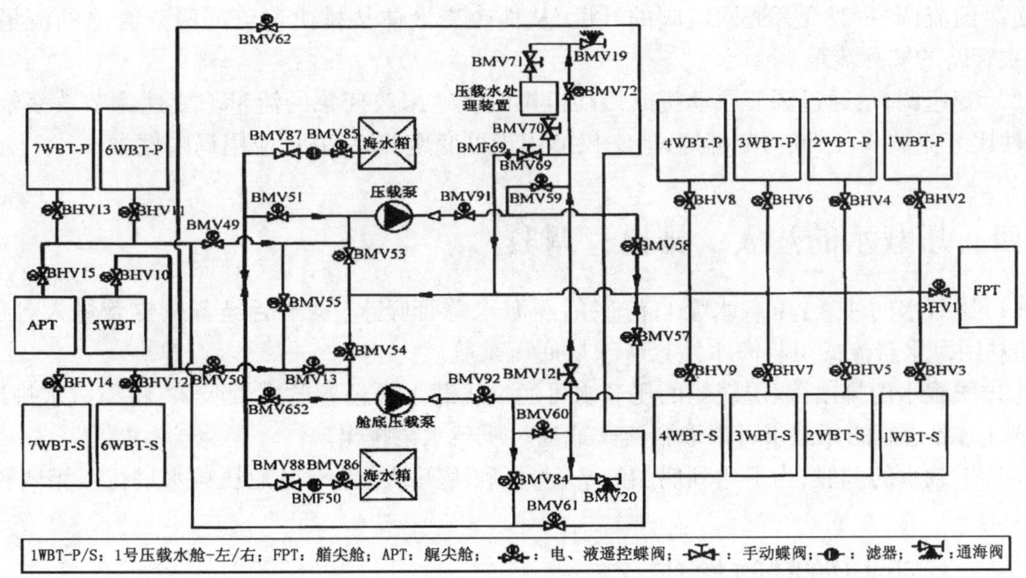

图 4-3-1　压载水管路图

三、操作步骤

1. 启动准备工作

(1)检查有无妨碍泵运转的障碍物并进行清理;新装或检修后初次启动以及停用时间较长的泵,在启动前应盘车数转,检查转子有无卡阻、轴线对中不良或其他不良现象。

(2)检查轴承室油位是否在液位计两刻度线之间,一般在液位计的1/2到1/3之间。

(3)检查压力表是否正常,表阀是否打开,各管路连接正常,无泄漏。

(4)正确启闭相关的阀门,打开泵壳上的放气考克驱除泵内空气。如离心泵的吸入水位低于泵体,则需打开引水,进行引水启动;如吸入水位高于泵体,则可以直接启动;如是大功率离心泵,启动时还应关闭排出阀采取封闭启动。

2. 启动运行及管理

(1)按下启动按钮,观察泵的运转情况,如转向、吸排压力等是否正常。如发现泵运转负荷过大、压力表不起作用或有异常声音、震动,应立即停泵检查(采用封闭启动时,启动正常后再打开排出阀)。

(2)检查填料密封处有无异常泄漏,如有严重泄漏现象,应将填料压盖紧一紧,正常以有连续水滴滴出为宜。

(3)运行中经常手摸轴承壳,检查轴承有无异常发热。

(4)监听水泵是否运转平稳,有无异常声响,观察润滑油位、吸排压力是否正常。

3. 离心泵的工况调节

(1)节流调节:增大或减小离心泵排出阀的开度,使流量增大或减小(减小吸入阀的开度虽能实现节流调节,但可能会产生汽蚀现象,一般不使用)。

(2)回流调节:改变旁通回流阀的开度,从而改变液体从排出口流回吸入管路的流量,以调节主管路的实际流量。

(3)变速调节:通过调节原动机或传动机构的转速来改变泵的流量。变速调节效率较高,经济性比节流调节、回流调节都好,但它仅适用于可变速的原动机,应用局限性大。

四、压载水的注入、排出、调驳

(1)压载水的注入:压载水泵自海底门经海水总管吸水,泵出后经各舱支管进入各压载舱,如利用海水自流式可将海水注入各双层底压载舱。

(2)压载水的排出:双层底舱的压载水可通过压载水泵经各舱支管吸入,将压载水排出至两舷外;上部边舱的压载水可采取自流式或通过压载水泵排出。

(3)压载水的调驳:为了达到船舶的平衡,可利用压载水泵对各舱压载水进行互相调驳。

五、接近扫舱时的操作

(1)吸入真空度的控制:可通过关小排出阀、减小流量来调节吸入真空度。

(2)引水量的控制:可通过适当开大引水阀增加引水量,控制吸入真空度,确保正常排水。

(3)排出压力的控制:可通过泵进出口间的旁通阀进行排出压力调节。

六、停泵操作

(1)先关闭排出阀,以防止排出管路上的高压液体回流。
(2)切断电源,停止泵的运转。
(3)关闭吸入截止阀及其他管路上的有关阀门。

任务四 造水机的操作与管理

船舶每天都要消耗相当数量的淡水,以满足船上人员和动力装置的需要。淡水通常是指含盐量小于 1 000 mg/L 的水。远洋船舶为增加载货吨位,减少购买淡水的费用,不宜携带过多淡水,一般都利用船舶配备的海水淡化装置(俗称造水机)生产淡水。现在的船用海水蒸馏装置一般都是在高真空条件下工作的,其工作原理如图 4-4-1 所示。

一、启用

要使造水机工作,一般要满足两个基本条件:一是船舶定速航行;二是船舶离岸 20 n mile 以上,并不在受污染水域,以保证海水的清洁。具体启动步骤如下:
(1)打开造水机海水泵的吸入、排出阀。
(2)打开喷射泵的通舷外阀。
(3)关闭造水机上的真空破坏阀。
(4)启动海水供给泵抽真空到至少 90%,喷射泵前压力应为 0.35~0.4 MPa。
(5)打开主机缸套冷却水至造水机的进、出口阀。
(6)逐步调低集控室控制台“制淡系统温控器”的设定温度,一般不低于 78 ℃。
(7)打开进蒸馏水舱截止阀。
(8)打开盐度计。
(9)启动淡水泵。
(10)打开投药桶出口阀并通过流量指示计调节药液流量。

二、运行中管理

1. 给水倍率的控制

给水倍率一般保持在 3~4 范围内。给水倍率太低,则盐水浓度高,易结垢;给水倍率太高,则产水量降低,盐水带走的热量增加。只要给水管路的节流孔板不堵,一般通过弹簧加载

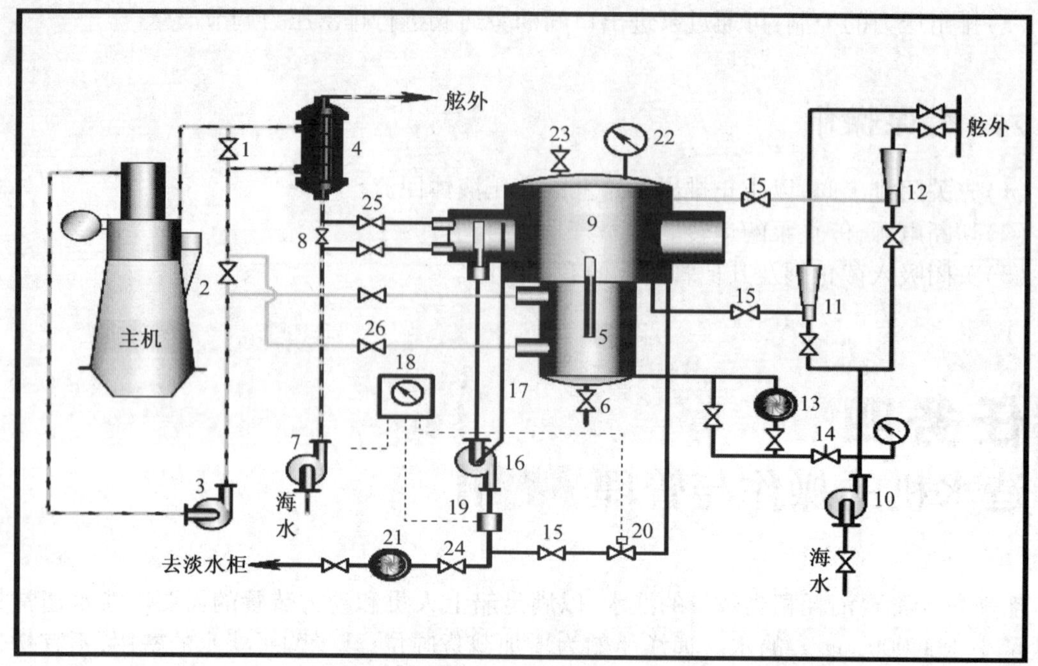

图 4-4-1　真空沸腾式海水淡化装置

1—旁通阀;2—加热水调节阀;3—主机缸套水泵;4—主机缸套水冷却器;5—水位计;6—泄水阀;7—主海水泵;8—海水调节阀;9—蒸馏器;10—造水机海水泵;11—排盐泵;12—真空泵;13—浮子式给水流量计;14—减压阀;15—止回阀;16—凝水泵;17—凝水泵平衡管;18—盐度计;19—盐度传感器;20—回流电磁阀;21—凝水流量计;22—真空压力表;23—真空破坏阀;24—凝水排出阀;25—冷却水进、出口阀;26—加热淡水进、出口阀

阀保证给水压力在 0.3~0.4 MPa 范围内,即可保持适当的给水倍率。

2. 凝水水位的控制

凝水泵通常是离心泵,正常工作时,流量随凝水水位高度变化有自调能力。不用特意调节,当然凝水泵应定期维护保养,以保证其工作良好。

造水机工作中最可能发生的干扰是海水温度变化,它直接影响真空度和产水量。只要真空度稳定,其他各项如冷却水加热水流量、给水量和凝水泵流量等一般都无须调节。故造水机工作稳定后一般不用专人照看,只需定期巡视即可。

3. 真空度的控制

船用真空蒸馏装置的真空度应控制在 90%~94%范围内,即蒸发温度在 35~45 ℃,真空度太低则蒸发温度上升,产水量减小,并易于结垢,真空度太大则沸腾过于剧烈,影响二次蒸汽品质,使所产淡水含盐量增加。装置的真空度是通过调节冷凝器的冷却水流量来控制的,通常冷却水的温升应在 5~6 ℃,真空过大可稍开真空破坏阀。

4. 产水量的控制

海水淡化装置的产水量主要靠调节热水的流量来控制,在保持相应冷凝能力的前提下增大加热水流量则产汽量增加,产水量提高;反之减小加热水流量则产汽量减少,产水量下降,通常加热水的进、出口温差为 6~9 ℃。

三、停止

当船舶离岸小于 20 n mile 时、蒸馏水舱已满或备车航行前,应停止造水机工作,具体启动步骤如下:

(1)逐步调高集控室控制台“制淡系统温控器”的设定温度,一般高于缸套水冷却器温控器的设定温度即可。

(2)停止进蒸发器的主机缸套水,关闭进、出口阀。

(3)停止淡水泵。

(4)关闭盐度计。

(5)停止造水机海水泵,关闭进、出口阀。

(6)打开真空破坏阀。

(7)关闭喷射泵通舷外阀。

(8)关闭进蒸馏水舱截止阀。

四、装置的保养

1. 漏气的检查和防止

检查蒸馏装置的密封性时,可先关闭蒸馏器通外界的各阀,启动喷射泵将蒸馏器抽至93%左右的真空度,然后停止喷射泵的工作。如 1 h 内真空度下降的幅度超过 10%,则表明装置的密封性不符合要求。

蒸馏器在正常工作时可用烛火法或者线香法查漏,当用烛火或线香沿蒸馏器的结合面缓慢移动时,如发现烛火或香烟向内吸动,表明该处漏气。通常最容易漏气的地方是凝水泵轴封和阀杆填料处。对于填料箱等处的泄漏可通过加大压紧度或增加填料的办法消除,固定部件结合处的泄漏可采用涂密封胶、油漆等方法消除,有些漏缝可先塞上适当的填充物,再在外面涂以环氧树脂、沥青等来解决。

2. 漏水的检查和预防

漏水现象常发生在冷凝器中,冷凝器漏水后,海水将漏入淡水空间而直接影响淡水质量,冷凝器漏水是造成淡水盐度升高的主要原因之一。检查冷凝器是否漏水时,可先关闭主机缸套水的进出口阀,关闭凝水泵出口阀,但继续向冷凝器供给冷却水,如凝水水位逐渐升高则表明冷凝器漏水,可短时间启动凝水泵并用盐度计检验证实。

3. 换热器的清洁

使用日久而淡水产量减少时,应及时对换热器进行清洗除垢。可打开换热器两端的壳体,测量并记录换热器厚度后,拆下蒸发器或冷凝器的换热板,放入足够大的容器内,用专用的化学药剂与淡水按一定的比例混合成的溶液浸泡。最里边和最外边的换热板应放好,以免装错。浸泡过的换热板上的水垢很容易清除,用软刷和不高于 50 ℃的温水刷洗即可。刷洗过程中注意防止密封垫片的脱落,若换热板的密封垫片脱落,应该用专用胶粘好。因换热板成对配合使用,所以如果个别换热板损坏而无备件,可以暂时将与其相邻的换热板一起拆除。清洁好换热板后,按正确的顺序装复,盖板上紧后,换热器厚度应符合要求或与拆前厚度一样(若拆除个别换热板，尺寸相应减少）。蒸发器和冷凝器装复后，分别打开加热热水和冷却海水的进、出口阀，启动主机缸套水泵和造水机海水泵，检验是否泄漏，确信不漏后再装好前盖。在换热器保养的同时，应检查防腐锌板的腐蚀情况，耗蚀过半应予换新。

4. 每月试验一次盐度计报警设备

传感器电极每月应拆出清洁一次，以免黏附污垢使所测电阻值不准。清洁时应在热淡水中用软布擦洗，勿用硬物刮刷，以免损坏电极表面的铂铑镀层。定期维护装置所用的水泵、喷射泵。

项目五 燃油辅锅炉的操作与运行管理

●能力目标

1. 燃油辅锅炉冷炉点火前的正确准备。
2. 燃油辅锅炉的点火与升汽操作。
3. 燃油辅锅炉运行时系统的检查。
4. 燃油辅锅炉停炉的操作。
5. 燃油辅锅炉故障判断。

任务一 辅锅炉点火前的准备工作

一、燃油辅锅炉的作用

燃油辅锅炉，用于生产饱和蒸汽，主要用作各种船舶上的重油、主机缸套水、油舱、生活用水、空调等的加温介质；亦应用于油船上驱动货油泵、洗舱加温、生产二氧化碳惰性气体等用途,其结构示意图如图 5-1-1 所示。

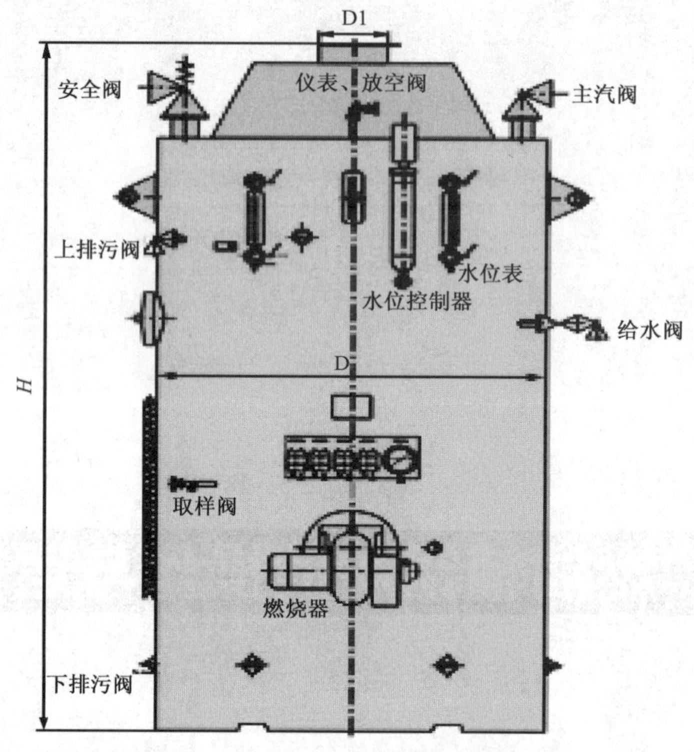

图 5-1-1　燃油辅锅炉结构示意图

二、点火前的检查与准备

1. 船用锅炉的内部和外部检查

(1)锅炉周围保持清洁,锅炉间的通风良好,通风孔或者通风机开启。

(2)所有的阀门(如图 5-1-1 所示)均处于正确的开关状态。空气阀、给水阀、压力表和水位表阀应开启;排污阀应关闭;蒸汽阀关闭后再开启 1/4 圈,防止受热后咬死。确认没有异物遗留在锅炉内,所有的附件、检查孔、阀件均已装复,螺栓已经上紧,锅炉燃烧器安装合理,风机和电动机的转向正确,风门和传动装置动作灵活。

2. 船用锅炉附属设备的检查

(1)热水井(图 5-1-2)及其滤网保持清洁;供水系统的阀门开关正确。对于可以自动切换的供水系统,两条供水管线的阀门均应处于开启状态;供水泵转向正确,试运行正常。

(2)供油系统的阀门开关正确,供油泵试运转正常,燃油加热器运行正常;检查轻、重油柜的液位及油温并进行放残;燃油管路的阀门开关正确;确保滤器清洁,如果管路中存在空气,应设法放掉空气;锅炉在冷态点火时应尽量使用轻油;检查燃烧器(图 5-1-3)各部件的安装是否正确,火焰感受器玻璃是否清洁。

3. 船用锅炉的上水

在上水时,检查热水井水位、水温、水质是否正常。热水井与炉内水空间壁面温度应相近,

图 5-1-2 燃油辅锅炉实物图

如果两者温差超过 50 ℃,补水应缓慢进行,避免向炉内补入大量冷水,以免产生过大热应力。补水应清洁无油迹并按规定加入水处理剂。烟管锅炉应上水至水位计的最高水位,以便能够在升压后通过底部排污,分数次将位于锅炉底部温度较低的炉水放掉,促使整个锅炉中的水温

图 5-1-3 锅炉燃烧器

均匀。水管锅炉应上水至水位计的最低水位,因为在产生蒸汽后,水管锅炉的炉水中含有较多气泡,从而使水位上涨至正常水位。对于有过热器的船用锅炉,切忌上水过高,这样会造成蒸汽大量带水,引起过热器腐蚀和损坏。

上水结束观察半小时，水位不变才能确认承压部件没有发生漏水。如果水位降低或上升应查明原因，及时消除故障。在船舶无倾斜的状态下，两支水位计的水位应在同一高度。

任务二 辅锅炉点火、升汽

一、概述

锅炉的点火包括热态点火和冷态点火。热态点火是指锅炉在正常的压力和温度条件下的点火；冷态点火是指经过较长时间的停炉或者锅炉大修以后，锅炉处于完全冷却的条件下的点火。这里讲的点火是指锅炉的冷态点火。

其系统结构如图 5-2-1 所示，燃烧程序控制如图 5-2-2 所示。

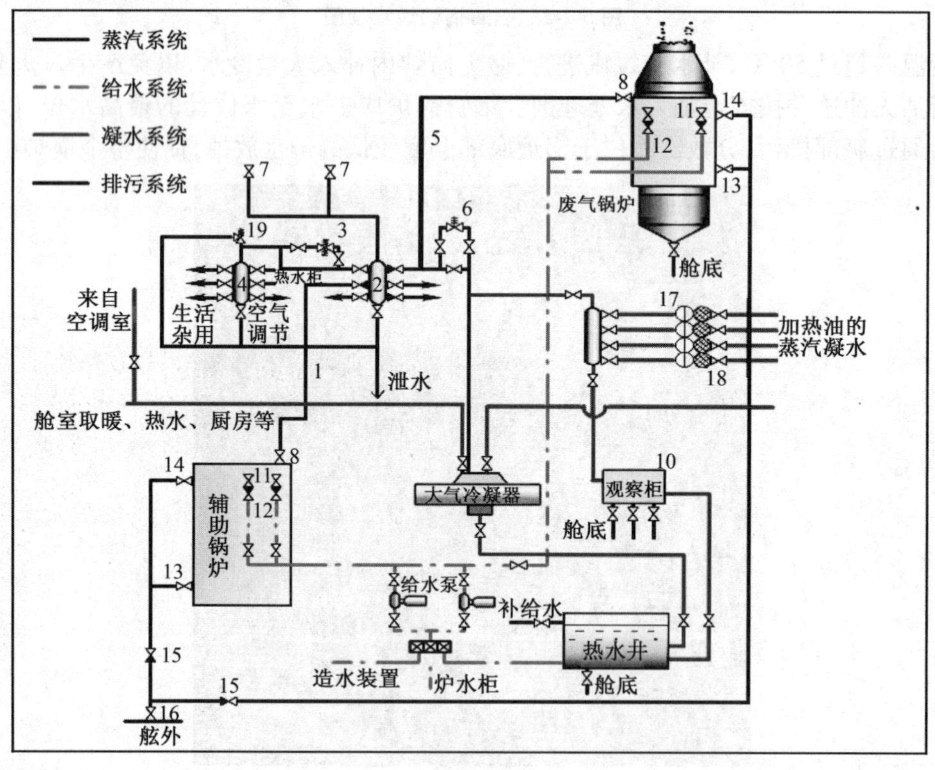

图 5-2-1 锅炉汽水系统

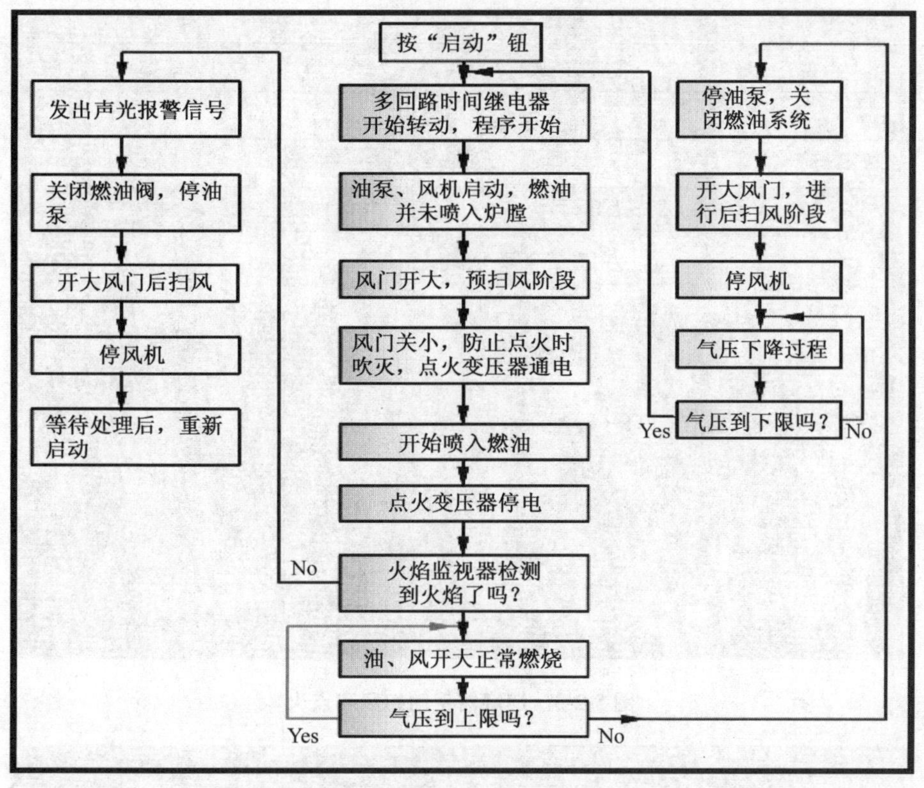

图 5-2-2 辅锅炉燃烧程序控制

二、点火、升汽

在确认任务一中所述锅炉点火前准备工作一切正常后方可进行点火操作。锅炉冷态点火的操作应十分谨慎,为了便于控制预扫风及后扫风的时间,最好先采用手动点火,如图 5-2-3 所示。

冷态点火加热速度务必不能太快,因为锅炉材料的升温快速而不均匀地升高会产生过大的热应力。新炉启动或耐火层修理后启动锅炉,因为耐火层较湿,加热太快可能因水分迅速蒸发和膨胀而使耐火层产生裂纹。因此冷态点火应手动控制,小火燃烧,待小火燃烧 20~30 s 后改为大火燃烧,如图 5-2-4 所示,待气压升至比工作压力低 0.05 MPa 时,再改用自动操作。

燃油锅炉点火前,一定要先开启风机进行预扫风,将锅炉内积存的油气彻底吹除,否则积存的油气遇明火有爆炸的危险。正常运行时的预扫风时间一般在 35 s 以上,冷态点火时可将预扫风的时间适当延长,以便尽可能驱除炉膛内的油气。冷态点火时由于炉膛内的温度较低,有可能产生点火失败,如果发生电火失败,再次点火时仍需进行预扫风并延长预扫风的时间。当出现多次点火失败时,应查明原因,并关闭油泵和燃油速闭阀,以免酿成火灾。

点火成功后应检查火焰的颜色、形状、稳定性。正常的火焰呈现亮橙色,轮廓清晰,火焰稳定无闪烁,排烟呈浅灰色。刚点完火开始工作时,由于炉膛内温度低影响燃油蒸发,可能造成燃烧不良,烟囱冒黑烟;但随着炉膛内的温度升高,燃烧会趋于正常。

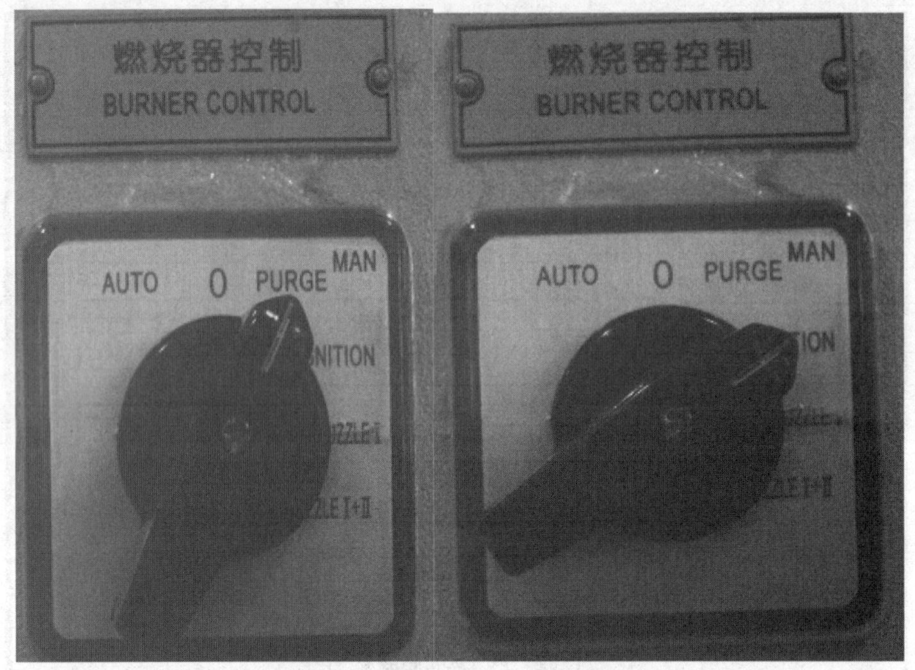

图 5-2-3　燃烧器手动扫风和点火

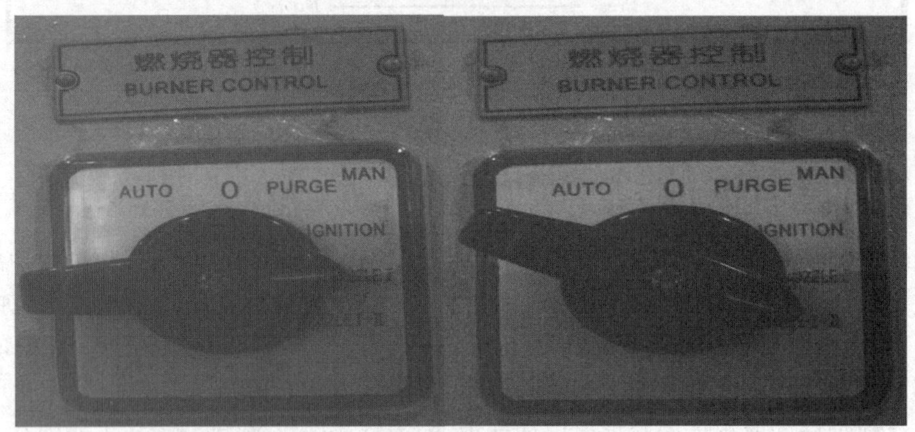

图 5-2-4　燃烧器手动燃烧控制

点火后开始阶段水循环差,燃烧强度尤其不能过大。炉水沸腾产生气泡后水循环会加强,锅炉各部分温度也渐趋均匀,方可提高燃烧强度。因此升汽前的阶段应烧得慢些,蓄水量越大的锅炉此阶段应越长,气压开始上升后燃烧可以加强。为了限制锅炉在点火升汽阶段炉水温度及气压的上升速度,锅炉操作说明书一般都规定了点火升汽的时间表,应遵照执行。若无时间表,点火可以参照如下程序进行:首次点火后第 1 h 内每烧 1~2 min 熄火 8~10 min 后再点火,以后每次可以适当延长燃烧时间和减少熄火时间,直至锅炉压力达到 0.1 MPa 方可连续小火燃烧。锅炉起压后,顶部的空气旋塞会有气体冒出,等到有大量的蒸汽冒出时关闭空气阀。大蒸发量 D 形水管锅炉从冷炉点火到满压正常操作一般需 2~3 h;蒸发量小的烟管锅炉约需 2 h,水管锅炉因水循环良好只需用 15 min 左右,其中点火到产生气压的时间约占整个点火升汽时间的 2/3。如不控制燃烧,从冷炉点火至产生气压的时间一般烟管锅炉仅需 0.5 h,有的水管锅炉仅需 6 min,这种快速升汽对锅炉保养十分不利。当气压升至 0.05~0.1 MPa 时,应检查人孔、手孔、水位计、排污阀、法兰、阀门等接头是否渗漏。当温度升高后,上述接头会伸长变松,需要重新拧紧。如有渗漏,不能处理则应停止运行。对人孔和手孔,无论渗漏和不渗漏,均需再适当拧紧螺母,并冲洗玻璃板水位计一次,防止出现假水位。冲洗水位计时,必须缓慢进行,不要正对水位计的玻璃板,以免玻璃板处于忽冷忽热而破裂伤人。操作时要戴防护手套,以免烫伤。当气压升至 0.1~0.2 MPa 时,对各连接处再次检查有无渗漏现象,再拧紧一次人孔、手孔螺母。操作时应侧身,用力不宜过猛,禁止使用长度超过螺栓直径 15~20 倍以上的扳手去操作,以免将螺栓拧断。在气压继续升高后,禁止再次拧紧螺栓。

当气压升至 0.3 MPa 时,试验给水设备及排污装置。对锅炉进行上排污可以清除锅筒表面的杂质和油脂。上排污应在锅炉高水位时进行。在排污前应向锅内上水,排污时要注意观察水位,不得低于水位计的最低安全水位线。排污完毕,应严密关闭每一排污处的两个排污阀,并检查有无漏水现象。对通风及燃烧情况进行调节,当气压达到锅炉额定工作压力时,应校验安全阀是否灵敏可靠,然后铅封,同时再冲洗一次水位计。

三、供汽

供汽前应对蒸汽管路进行暖管和疏水工作。其方法是将蒸汽阀(图 5-2-5)稍开,供汽加热蒸汽管路,同时开启蒸汽系统中各泄水阀进行泄水。

图 5-2-5 主供汽阀

暖管的时间不宜过短,不得少于 15~20 min,否则管壁和管路上法兰及螺栓会产生较大的热应力。另外管路中存在凝水,当开大蒸汽阀正式供汽时管路中会出现“水击”现象,可能损坏阀门、管路和设备。有些锅炉规定在升汽的同时就进行主蒸汽管的暖管工作,锅炉压力升至工作压力时,暖管工作已经结束,可立即投入使用。如果要求两台锅炉并联工作,应先使两者气压相同后再并汽。如果升汽后的锅炉要与工作中的锅炉并汽,后投入工作的锅炉的气压应比主蒸汽管路中的气压高出 0.05 MPa 再并汽。

任务三 辅锅炉运行管理与故障分析

一、锅炉运行中的管理

(1)经常检查锅炉本体是否有渗漏现象。

(2)经常检查附属装置是否有渗漏现象。

(3)经常检查各系统及其附件工作是否正常。

(4)经常检查和观察各仪表所指示的参数是否正确。

(5)按时依正确的操作程序冲洗水位计和“叫水”(图 5-3-1):保持锅炉水位正常,控制锅炉水温、水质;要求每隔 4 h 至少冲洗水位计一次;水位较低状态不明时,会通过“叫水”进行判别是否进行补水;水位过高时,要求先停止燃烧,再进行上排污,直至水位正常,才能恢复燃烧。一般不准向锅炉中一次性加入大量的水,并要求每 48 h 至少化验炉水一次,确保炉水水质符合要求。

(6)按时依正确的操作程序进行排污:注意锅炉的定期排污和经常性吹灰工作,确保锅炉安全经济运行。

①排污前先将炉水补至高水位,排污时要严格监视水位,防止锅炉因缺水而造成事故。

②上排污主要排出炉水表面悬浮物质,可降低炉水含盐量和碱度,防止汽水共腾,可在任何负荷下进行。

③下排污主要是排出锅炉底部的沉渣和污垢,一般在低负荷及停炉后进行。

(7)注意观察火焰和排烟的颜色判断燃烧情况,并作必要而正确的调整。

注意观察炉膛火焰颜色及排烟的烟色。一般良好的燃烧时火焰呈橙黄色,排烟为淡灰色,否则要检查燃烧设备、供风系统,以及燃油系统和风油比是否正常。

(8)注意观察凝水柜中是否有油,并作必要而正确的处理。

(9)定时进行炉水化验和投药处理。

(10)密切注意安全阀的工作状态,当其开启后,在规定时间内气压仍超过标准,则应立即停炉,查明原因并排除;当气压降低量超过规定值时,安全阀仍不能关闭,亦应停炉检查其原因并排除。

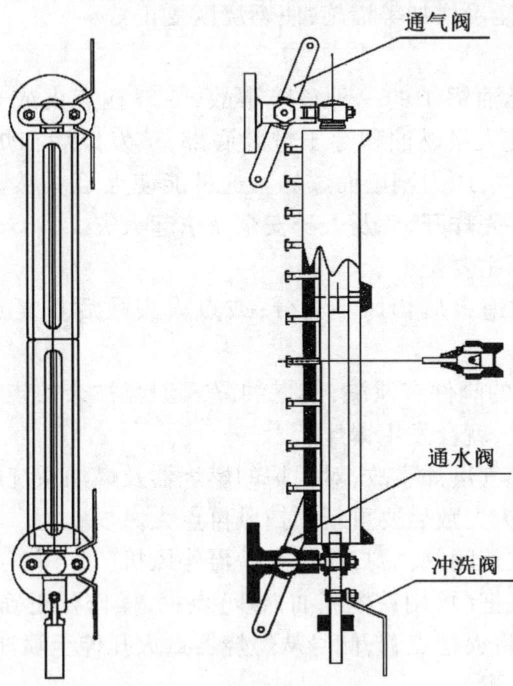

图 5-3-1 水位计示意图

二、燃烧方面的常见故障分析

1. 运行中突然熄火

锅炉气压未到上限而熄火，可能是：

(1) 日用油柜燃油用完。

(2) 油路被切断，例如燃油电磁阀因线圈损坏而关闭，或油质太差，引起油路堵塞。

(3) 燃油中有水。

(4) 供风中断或风量严重不足（包括风道积灰严重堵塞）。

(5) 自动保护起作用（如危险水位、低油压、低风压或火焰感受器失灵等）。

2. 点不着火

点不着火除上述原因外，还可能是：

(1) 风量过大。

(2) 喷油器堵塞。

(3) 电点火器发生故障（点火电极与点火变压器接触不良，点火电极表面被结炭所沾污，点火电极间距离不当，点火电极棒与燃烧器端部位置不当，点火变压器损坏）。

对于锅炉点不着火，应注意观察是点火电极没有点火还是点火喷油器没有燃烧；是点火喷油器火焰太小还是主喷油器没有燃烧或燃烧后很快熄火。然后再锁定故障线路进行排除。

3. 燃烧不稳定

由于燃油雾化不良、油温低、油压低、风门调节不当、风压波动、油中有气或水、燃烧控制系统工作不良、配风器位置不当等引起燃烧不稳定。这时可采取调整风压、风门开度或者燃烧器位置,减小燃油压力后再慢慢增加等措施,使燃烧恢复正常。

4. 炉膛内燃气爆炸

炉膛内燃气爆炸是燃油锅炉的一种危险事故,一般在点火或热炉熄火后发生,亦称“冷爆”。这是因操作不当,使大量燃油积存于炉膛底部,蒸发以后在炉膛内形成可燃气体,一旦被点燃,突然产生大量烟气,压力剧增而爆炸。这可能使火焰从燃烧器向外喷出,严重时能使烟气挡板飞出或把锅炉外壳炸开,危及人身安全及引起火灾。

炉内燃气爆炸的原因主要是:

(1)点火前预扫风和熄火后扫风不充分;或点火失败后重复点火前没再进行充分的预扫风。

(2)停炉后燃油系统的阀件有泄漏,使燃油漏入炉膛被余热点着;或燃油积存在底部,下次重新点火时预扫风不足,就会发生爆炸。

为了防止锅炉发生燃气爆炸事故,对锅炉的燃烧器及燃油系统应采取下列措施:

①预扫风要充分,点火失败后要重新预扫风再点火。

②紧急停用时需先关速闭阀,后扫风结束后再停风机。

③万一需要人工用火把(可用铁棍缠油棉纱)点火,操作要正确,当燃油系统准备好后,先稍开风门供小扫风;然后将火把点着,侧身从燃烧器点火孔伸至喷油器前,开速闭阀,点着火后再将风门开大到适合的位置。

④除操作不当外,爆炸也可能为停炉期间有少量燃油漏入炉膛所致,其主要原因是系统油阀尤其是主电磁阀关闭不严,除阀本身原因外,很可能是密封处积渣所致,应加强对燃油系统及燃烧自动控制装置的检查,发现漏油或其他问题及时修理。

5. 锅炉喘振(炉吼)

这主要是因为燃烧不稳定,导致炉膛内压力波动,具体原因主要有:

(1)供油压力波动,或燃油雾化不良,大油滴滞燃;

(2)风量不足或风压波动。锅炉的安全阀应每个月进行一次手动强开试验。脱落的蒸汽管路绝热包扎应及时修补,盘根泄漏的阀门应及时更换盘根,关闭不严密的阀门及时进行研磨或者换新漏气的蒸汽管路应拆下焊补,如果暂时无法进行焊补,可以用铅皮进行临时包扎。

任务四 辅锅炉的停用与保养

一、辅锅炉停用操作

在船舶航行期间,废气锅炉投入工作,或者船舶停用时间较长,不需要用蒸汽加热系统,辅锅炉就可停止使用,具体操作方法如下:

(1)停炉之前,将燃烧控制由自动控制改为手动控制。

(2)对于用重油或渣油作为燃料的锅炉,停炉之前应改烧轻油,以利下次点火。

(3)手动停止锅炉的正常燃烧,并将控制开关置于“手动供风”位置。

(4)通风机继续运行 2 min 左右,吹净炉内的油气后停火,并关闭锅炉风门至最小位置。

(5)关闭锅炉主蒸汽阀。

(6)手动补水,提高炉内水位,即可进行上排污,并注意水位的变化,防止部分受热面露出水面而过热。

(7)熄火后应使锅炉自然冷却,当气压降到 0.1 MPa 左右时,方可进行底部排污。

(8)待锅炉内无压力显示时,再打开空气阀,以免炉内产生真空。

(9)切断控制箱主电源,放好工具及仪器,并清洁锅炉间。

二、辅锅炉停炉后的保养

(1)留气保养法,用于锅炉暂时停用,一般不超过 1~2 天。具体操作是:将水位上升至最高工作水位,且保持气压为工作压力的 50%左右。

(2)满水保养法,一般停炉时间在 30 天以内。具体操作是:先缓慢升汽以驱除炉内空气,然后停止燃烧,将炉水加满。以上两种方法要求炉水保持合适的碱度(pH=10~12)。

(3)干燥保养法,一般停炉时间超过 1 个月。具体操作是:首先彻底放空炉水(放空炉水以前应让锅炉自然冷却),再清洗受热面两侧污垢及锅筒壁上的污垢,然后用微火将锅炉烘干,最后放入干燥剂(如生石灰、无水氧化钙或硅胶等)。注意放置时要将它们置于专门的开口容器中,并关闭所有阀门和通风道,以免空气进入。

项目六 液压甲板机械与舵机操作

●能力目标

1. 对液压甲板机械的正确操作。
2. 液压甲板机械的日常管理与故障处理。
3. 液压舵机的正确操作。
4. 液压舵机的日常管理与故障分析。

任务一 液压甲板机械的启动与停用操作 

一、概述

船舶液压甲板机械主要有起货机、绞缆机、锚机等设备，其工作原理尽管有些相似，但功能不同，对设备的要求也不同，如图 6-1-1、6-1-2、6-1-3 所示。

上述液压设备应满足的要求有以下几个。

图 6-1-1 船用绞缆机

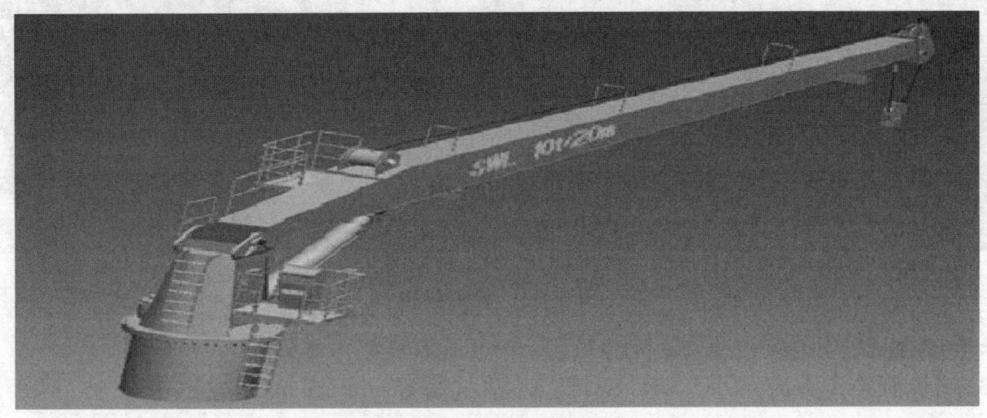

图 6-1-2 船用克令吊

1. 对船舶起货机的基本技术要求

船舶起货机虽因构造类型、驱动方式和制造厂家的不同而种类繁多、结构各异，但就实际需要而言，它应满足的基本技术要求如下：

(1) 能以额定的起货速度吊起额定负荷。

(2) 能依操作者的要求方便灵敏地起、落货物。

(3) 能依据起吊货轻重、空钩或货物着地等不同情况，在较广的范围内调节运行速度，并具有良好的加速和减速特性。

(4) 不论在起货或落货的过程中，都能根据需要随时停止并握持货物。

上述各项基本要求规定了：起货机必须具有相应的足够功率；必须有换向、调速、限速的能力；并需设置制动设备和某种机械性的固锁装置，以便有效制动和锁紧。

2. 对船舶锚机的基本技术要求

锚机工作时负荷变化很大，电动锚机通常采用双速或三速交流异步电动机；而液压锚机常采用有级变压液压油马达来限制功率，也可采用恒功率液压泵或液压油马达。按《钢质海船入级规范》规定，锚机应满足如下基本要求：

(1) 必须由独立的原动机或电动机驱动，对于液压锚机，其液压管路如果和其他甲板机械的管路连接时，应保证锚机的正常工作不受影响。

(2) 在船上试验时，锚机应能以平均速度不小于 9 m/min（此为锚机的公称速度）将单锚

图 6-1-3　船用锚机

从水深 82.5 m 处(3 节锚链入水)拉起至 27.5 m(1 节锚链入水处)。

(3)锚机额定拉力应不小于 41.68 d^2 N(锚链直径 $d \geq 25$ mm)或不小于 35.8 d^2 N($d<$ 25 mm)。

(4)在满足公称速度和额定拉力时,应能连续工作 30 min;应能在过载拉力(不小于 1.5 倍额定拉力)作用下连续工作 2 min,此时不要求速度。

(5)所有动力操纵的锚机均应能倒转。

(6)链轮与驱动轴之间应装有离合器,离合器应有可靠的锁紧装置;链轮或卷筒应装有可靠的制动器,制动器刹紧后应能承受锚链断裂负荷 45%的静拉力;锚链必须装设有效的制链器,制链器应能承受相当于锚链的试验负荷。

(7)液压锚机的系统和所有受压部件应进行液压试验:液压泵试验压力为 1.5 倍最大工作压力(不必超过其 6.9 MPa);系统和其他受压部件试验压力为 1.25 倍设计压力(不必超过其 6.9 MPa)。

3. 对船舶绞缆机的基本技术要求

绞缆机或绞缆卷筒应能保证船舶在受到垂直于船体中心线 6 级以下的风力时,仍能系住船舶,其拉力大小应根据船舶的尺度按《钢质海船入级规范》推荐的数值选取。绞缆速度一般为 15~30 m/min,最大可达 50 m/min,达到额定拉力时,速度可减小到最低值。

二、启动前检查

(1)外部检查,确认周围无任何障碍物,能正常工作。

(2)用手转动联轴节,确认无卡阻现象。

(3)检查各阀件是否处于正常工作位置。

(4)检查系统各密封处的密封情况,确保油泵、油马达及管系等无泄漏情况。

(5)检查油箱中油位及油温。若油箱中油位低于正常油位,应补充至正常油位。如油温低于 10 ℃时,应对油进行预热,预热时为防止油局部过热,应开启副泵使油液处于循环状态,直至油温符合要求。当油温低于-10 ℃时禁止启动油泵。

(6)向系统各摩擦部件加润滑油或润滑脂。

(7)检查电气设备是否完好。

(8)启动主油泵,系统投入工作,若启动过程中出现无输出或有异常响声,应立即停车检查。

三、液压甲板机械的管理

在液压系统中,液压油是传递动力和信号的工作介质。同时,它还起到润滑、冷却和防锈的作用。液压系统能否可靠有效地工作,在很大程度上取决于系统中所用的液压油。

1. 对液压油的要求和选择

在液压装置中,液压油不仅起传递动力的作用,也起润滑、散热和防锈作用。其性能对液压装置的工作性能和使用寿命有重要影响。

(1)对液压油的要求

对液压油的主要要求是:

①黏度适宜,黏度指数较高。

黏度是选择液压油应考虑的首要因素。若黏度太高,则各部件的运动阻力和管路流动阻力增大,液压泵排出压力会过高,装置机械效率下降;而且泵的自吸能力降低,泵启动时会吸空。若黏度较低,则泄漏量增加,装置容积效率下降,油容易发热,执行元件运动速度降低;而且黏度过低时油膜承载能力下降,会导致磨损增加。

为防止泵严重磨损,允许的液压油最低工作黏度为 13~16 mm^2/s;我国有关资料提出的叶片泵、齿轮泵、柱塞泵能够正常运行的最高油黏度分别为 500~700 mm^2/s、2 000 mm^2/s、1 000 mm^2/s。液压油最适宜的工作黏度,各种资料对不同泵推荐的范围略有差别,大致在 17~40 mm^2/s 范围内。液压油的黏度指数(V. I.)应在 90 以上。天然矿物油最高黏度指数约 115,加入专门添加剂甚至可提高到 170 以上。

②质地纯净,水分和机械杂质含量极微。

③安定性好,不易因氧化、受热、水解而变质,因节流而反复受到剪切时,黏度变化小。

④有良好的润滑性和较高的油膜强度,以减少液压元件的磨损。

⑤防锈性好,不锈蚀金属。

⑥抗乳化和抗泡沫性好,混入水分不易乳化,混入空气后泡沫消散快。

⑦与橡胶材料相容性好,不会使密封件及软管变形、变质。

⑧开口闪点至少要高于 135 ℃,要能满足防火要求;倾点(在试验条件下能流动的最低温度,比凝固点高 2~3 ℃)至少要比最低油温低 7~8 ℃。

(2)液压油的品种和性能

根据我国国家标准《矿物油型和合成烃型液压油》(GB 11118. 1-1994),船舶液压设备适用的国产矿物型液压油的主要品种有：

L-HH(精制矿物油)，质量比机械油(现名为 L-AN 全损耗系统用油)好，抗氧化和防锈性比汽轮机油差。用于简单的低压液压设备。适用环境温度为 0 ℃以上，最高使用温度 70 ℃。

L-HL(普通液压油)，加入抗氧、防锈、抗泡沫等添加剂的精制矿物油，使用寿命比机械油长一倍。主要用于低压系统(但不适用于叶片泵)。适用环境温度为 0 ℃以上，最高使用温度 80 ℃。

L-HM(抗磨液压油)，在 L-HL 油基础上增加了抗磨添加剂，能使摩擦面油膜强度提高，降低摩擦和磨损。适用于低、中、高压系统。倾点一般为-9~15 ℃，最高使用温度 90 ℃。

L-HV(低温液压油)，在 L-HM 基础上加入改善黏温性的添加剂，使黏温指数提高到 130 以上。适用于环境温度变化大和工作条件恶劣的低、中、高压液压系统。倾点一般为-21~33 ℃，最高使用温度 95 ℃。

另外还有 L-HR 液压油，是将 L-HL 油加入增黏剂而构成。适用于环境温度变化大的低压液压系统。

每种产品牌号后面附带的数字如 32、46、68 等为名义黏度(mm^2/s)，相当于该种液压油 40 ℃时运动黏度变动范围的中心值。

工作压力低于 7 MPa 时，机械油可代替液压油，价格较低，但其精炼程度差、使用寿命短。透平油也可代替液压油，它酸值低、杂质少，抗乳化性、抗氧化性和安定性好，使用寿命比机械油长，但比机械油价格高。这两种油的凝固点都较高，仅适用于环境温度高于 0 ℃的场合。黏度等级 32 和 46 的液压油的密度 ρ 分别为 0.87 g/mL、0.875 g/mL。矿物型液压油的比热容 $C=(0.4-0.5)\times 4\ 187$ J/kg · K，即温度每升高 1 ℃需吸热 1.67~2.09 kJ，不到水的一半；热胀系数 $a_y=(8.5-9.0)\times 10^{-4}$/℃，即温度每升高 10 ℃体积膨胀 0.85%~0.90%；压缩率$=(0.5-0.8)\times 10^{-3}$/MPa，实际上因油中不可避免地会混入气体而增大体积，即压力每升高 10 MPa，体积可能缩小 0.71%~1.42%。

(3)液压油的选择

在船舶机械液压系统中，液压油的选择通常可按下述三个步骤进行：

①列出液压系统对液压油性能的变化范围的要求，如黏度、密度、温度、压力、抗燃性、润滑性、空气溶解率、可压缩性和毒性等。

②尽可能选出符合或接近上述方面要求的工作介质。从液压件的生产厂及产品样品中获得对工作介质的推荐资料。

③最终综合、权衡、调整各方面的要求，决定采用合适的液压油。

选择液压油时，应根据液压泵的种类、工作温度和工作压力来选用合适的品种和黏度等级。

液压系统实际工作温度通常比环境温度高出 15~25 ℃(室内工作)、25~35 ℃(温带室外)、40~50 ℃(热带室外)，具体依工作条件和散热好坏而异。工作压力高、工作时间长、散热差，则油温比环境温度高出较多。一般来说，选用液压油时最先考虑的是它的黏度，因为对黏度的选择对液压系统影响最大。黏度太大，则流动压力损失就会加大，油液发热，会使系统效率降低；黏度太小，则泄漏过多，使容积效率降低。因此在实际使用的条件下，应选用使液压系统能正常、高效和长时期运转的液压油的黏度。

在具体选择时可按照以下两种方法进行，一种是按照液压泵的要求来确定液压油的黏度；

另一种方法是考虑系统的压力、工作温度、运动速度及经济性等因素来选用合适的黏度，使液压泵和控制阀在最佳黏度范围内工作。

①考虑液压系统的工作压力

当液压系统工作压力过高时选用黏度较高的油，以免泄漏过多，效率过低；当工作压力较低时选用黏度较低的油，以减少压力损失。

②考虑液压系统的环境温度

液压油的黏度随着温度的变化较大，为保证工作温度下有适宜的黏度，就必须要考虑周围环境的温度，环境温度高时要选用黏度较高的液压油，温度低时要选用黏度较低的液压油。

③考虑液压系统的运动速度

当液压系统中工作部件的运动速度较高时，油液的流速也高，压力损失增大，漏油率减少，因此要选用黏度较低的液压油；当工作部件运动速度较低时，每分钟所需流量很小，漏油率增大，对系统的运动速度影响较大，所以要选用黏度较高的液压油。一般液压装置使用说明书常推荐合适的液压油品种，可参照执行。

2. 液压油质量恶化的原因和危害及控制氧化和污染是液压油质量恶化的最主要原因。

(1)油液氧化的危害

油液温度不高(不大于 40 ℃)并与空气接触少时，理化性质变化很慢，但温度升高则氧化速度相应加快。油温在 55 ℃以上时，油温每升高 8 ℃，其使用寿命约降低一半。这时金属(特别是有色金属)、水、机械杂质(磨损物等)和焦炭、沥青等都会起到催化作用，工作油压增高、大压差节流、摩擦副单位负载大，都会导致油发热，氧化过程加速，还会破坏分子结构，降低油的黏度和润滑性。

油氧化会产生有机酸和污渣沉淀物，使油的黏度增加，润滑性和抗蚀性变差。氧化产物能造成通道堵塞和阀件卡阻，还会对氧化起催化作用。可见污染和氧化会彼此形成恶性循环。

(2)油液污染的危害

液压油污染主要包括固体杂质污染、水污染和空气污染。据统计，液压系统的故障约有 70 %以上是由液压油污染引起的。固体杂质污染的主要危害是：

①使阀件卡紧或孔口淤塞，发生故障。阀件的间隙多在 7~20 μm，故 5~15 μm 大小的杂质最容易使其卡紧。

②使油泵、液压缸、马达运动副和密封件磨损、擦伤，泄漏增加，性能下降。据研究，使叶片泵、径向柱塞泵、轴向柱塞泵磨损的主要杂质粒径分别是 20~30 μm、15~25 μm、10~15 μm。

③堵塞滤器，使压力损失增加，吸入滤器堵塞还会发生“气穴现象”。

④会加快油液氧化。铁、铜的催化作用分别会使油的氧化速度提高 10 倍和 20 倍。

水在液压油中的溶解度很少，仅 200~300 ppm。含量稍多便呈微小的水珠悬浮在油中，或沉积在油液底部。水在油中的危害是：

①使金属元件锈蚀。

②使油乳化，润滑能力降低，元件磨损加快。

③与添加剂作用产生黏性胶质，对阀芯产生黏滞和堵塞滤芯，还会促进油液氧化。

④低压时会产生“气穴现象”。

空气在油液中的危害：

在室温和大气压下，空气在液压油中的溶解量可高达 5%~10%。溶解的空气以 25~

50 μm 的尺度均匀分布在油中，当空气含量超过 2%时，油开始变浑。液压系统中空气过多的危害是：

①游离态气体会在油中形成直径约 200~500 μm 的气泡，使工作介质可压缩性增大，执行机构动作迟滞，起重能力和速度不足，功率损失增大。

②在系统低压处压力低于“空气分离压”时，大量气泡逸出会导致气蚀，并产生噪声和振动，使油压不稳，压力表指针抖动。

③气体压缩容易发热，会加快油液氧化速度。

（3）油液污染的控制

为了适应液压系统的使用要求，保证液压系统的正常工作，提高工作的可靠性，延长使用寿命，必须采取有效的措施对工作介质进行污染控制。

①元件和系统在加工和装配过程中的清洗

元件在加工制造过程中，每一工序必须采取净化措施，以清除加工中残留的污染物。元件装配后，必须经过严格的清洗和检验，以保证达到要求的清洁度。油箱和管道在去除毛刺、焊渣和表面氧化等污染物后，还需进行酸洗，彻底去除表面氧化物。对初装好的液压系统做循环冲洗，在清洗过程中，应每隔一定时间从系统取样液进行污染分析，以评定系统的清洁度，直至系统清洁度达到要求为止。

②防止污染物侵入液压系统

在液压系统工作过程中，外界环境中的污染物不断地通过各个渠道侵入液压系统，如通过油箱呼吸孔和液压缸的密封装置及注入新油带入的污染物等。因此，为了有效控制污染物的侵入，应采取下列措施：

A. 油箱要合理密封，防止污垢通过油箱侵入系统。

B. 为油箱呼吸装设高效能的空气滤清器。

C. 注入新油必须经过过滤，过滤装置可采用精过滤器或静电滤油机等装置。

D. 系统漏出的油液，未经过滤不得返回油箱。

E. 采取性能可靠的液压缸密封装置，在活塞杆端装有防尘密封装置。

F. 维修液压系统时，严格执行清洁操作规程，防止污垢侵入系统。

①油液的过滤与净化

滤油器是液压系统中用以控制油液污染度的重要元件，它的作用是在系统工作中不断滤除内部产生的和外界侵入的污染物，使油液的污染度控制在元件污染耐受度的限度以内。

在选择滤油器时，需要考虑以下几方面的性能要求：

A. 过滤精度应保证系统油液达到要求的污染度。

B. 流体阻力引起的压力损失尽可能小。

C. 具有足够的纳垢容量，避免频繁更换滤芯。

油的过滤是以污粒的最大颗粒度为标准的。一般分为四类：粗的（$d<100$ μm）、普通的（$d<10$ μm）、精的（$d<5$ μm）、特精的（$d<1$ μm）。

D. 定期更换液压油。

更换新油前，必须先对整个系统进行一次清洗。系统很脏时，可用煤油清洗，排尽后注入新油。

E. 控制液压油的工作温度。

液压油工作温度过高对液压装置不利,液压油本身也会加速氧化变质,产生各种生成物,缩短它的使用期限。一般液压系统的工作温度最好控制在 65 ℃以下,工程机械液压系统应控制在 80 ℃以下。

三、停用操作

(1)切断电源,对机械设备、油泵机组和管路系统等进行全面检查,以观察因运转而引起的缺陷或故障,如有,应及时排除。

(2)用干净的抹布擦拭油缸外路部位,除去污物,涂换新的润滑油。

(3)检查各紧固件螺丝的紧固情况。

(4)注意电机受潮。

(5)如长期停用,应对机器精加工部位涂上润滑油。

任务二 液压舵机的启动与试验操作

为保持船舶的正确航向及良好的操纵性能,必须装备舵设备,船上习惯称为舵机,如图 6-2-1 所示。

一、舵的组成

舵垂直安装在螺旋桨后方,图 6-2-2 示出了海船所用的三种典型的舵。除小船采用平板舵外,大船舵叶都采用钢板焊接的对称机翼型空心结构,称为复板舵。与舵叶相连的舵杆 3 穿过船尾部的舵杆套筒 4,由舵机室内的上舵承 2 支承,有的舵在船尾支架上还增设了中间舵承 10,见图 6-2-2(b)。舵杆和舵销保持同一轴线,操舵装置通过舵柄 1 带动舵叶绕该轴线偏转,舵杆轴线靠近舵叶导边(舵叶前缘)的舵,称为不平衡舵;舵杆轴线置于舵叶导边后面一定距离的舵称为平衡舵;而仅于下半部做成平衡式的舵称为半平衡舵。后两种舵在工作时,因水流对舵叶轴线前、后叶上的作用力矩方向相反,可减少转舵所需的扭矩。

二、对舵机的基本要求

舵机是保证船舶操纵性能,确保航行安全的重要设备。所以,IMO《国际海上人命安全公约》(SOLAS 公约)和我国《钢质海船入级规范》(以下简称《海船规范》)均对舵机提出了明确的要求,其基本精神是要求舵机必须具有足够的转舵扭矩和转舵速度,并且在某一部分发生故障时能迅速采取替代措施,确保操舵能力。

图 6-2-1 液压舵机实物

1. 基本性能

应设一套主操舵装置和一套辅操舵装置，其中一套发生故障时不致引起另一套也失效。主操舵装置和舵杆应有足够的强度，并能在船舶最大航海吃水和最大营运前进航速时进行操舵，使舵自任一舷的35°转至另一舷的35°，并且于相同条件下自一舷35°转至另一舷的30°所需时间不超过28 s；应设计成在最大后退速度时不致损坏（不需在试航中以最大后退速度在最大舵角进行验证）。

辅操舵装置应有足够的强度并足以在可驾驶航速下操纵船舶，且能在紧急情况下迅速投入工作；应能在船舶最大航海吃水和以最大营运前进航速的一半但不小于7 kn时进行操舵，且使舵从一舷15°转至另一舷15°，所需时间不超过60 s，为满足这一要求，当舵柄处的舵杆直径（不包括航行冰区的加强）大于230 mm时，应由动力操作。

如主操舵装置有两套以上相同的动力设备，则在下列条件下可不设辅操舵装置：

（1）当管系或一台动力设备发生单项故障时，此缺陷能被隔离，使操舵能力能保持或迅速恢复。

（2）客船当任一套动力设备不工作时，或货船所有动力设备都工作时，主操舵装置具有前述要求的操舵能力。主、辅操舵装置的动力设备应能从驾驶台控制使其投入工作；动力设备的动力源发生故障后，恢复动力供应时能自动再启动。

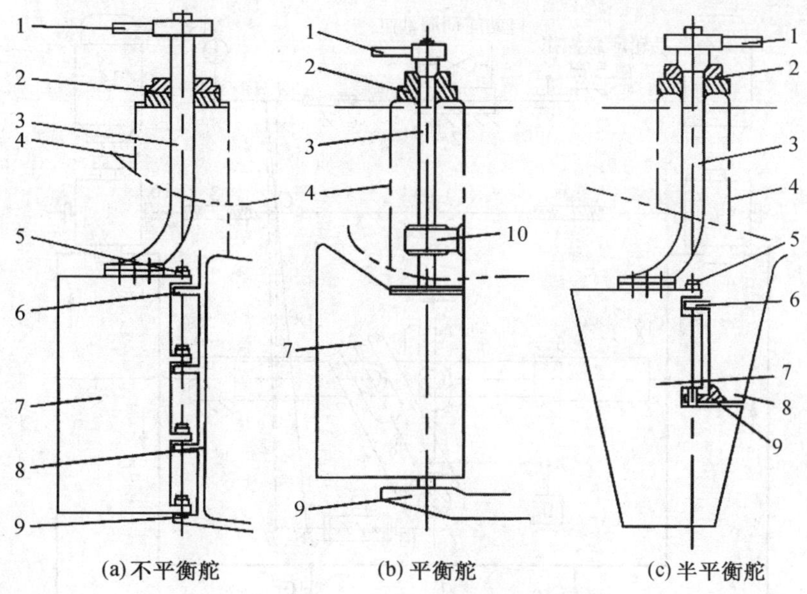

图 6-2-2 舵的几种类型

1—舵柄;2—上舵承;3—舵杆;4—舵杆套筒;5—舵销;6—舵钮;7—舵叶;8—舵柱;9—舵托;10—舵承

2. 操舵控制系统

如图 6-2-3、6-2-4 所示。

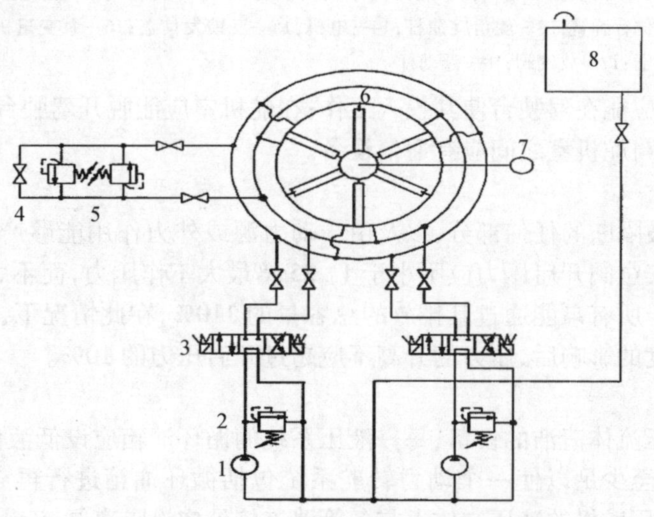

图 6-2-3 阀控型液压舵机工作原理图

1—单向定量泵;2—安全阀;3—三位四通换向阀;4—旁通阀;5—防浪阀;6—转舵油缸;7—反馈发信器;8—油柜

主操舵装置和动力驱动的辅操舵装置应在驾驶台和舵机室都设有控制器;主操舵装置有两套动力设备时,应设置两套独立的控制系统,且均能在驾驶台控制。若采用液压遥控系统,除1万总吨及以上的油船、化学品船和气体运输船外,不必设第二套独立的控制系统。动力驱动的辅操舵装置应有独立于主操舵装置的控制系统。

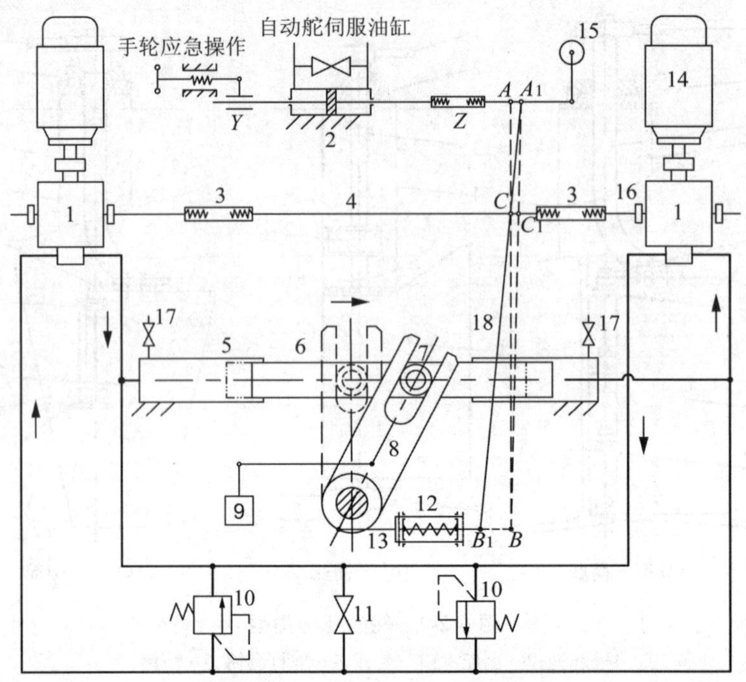

图 6-2-4　泵控型液压舵机工作原理图

1—双向变量泵；2—伺服油缸；3—调节螺套；4—油泵控制杆；5—转舵油缸；6—柱塞；7—滑块；8—舵柄；9—舵角指示器的发送器；10—安全阀；11—旁通阀；12—储存弹簧；13—舵角反馈杆；14—电机；15—反馈发信器；16—泵变量机构限位器；17—放气阀；18—浮动杆

主、辅控制系统应能在驾驶台使其投入工作；在舵机室应能脱开驾驶台对正在运转的操舵装置的控制；驾驶台与舵机室之间应有通信设备。

3. 安全阀

液压系统中能被隔断的任何部分，以及由于动力源或外力作用能够产生压力的任何部分均应设置安全阀。安全阀开启压力应不小于 1．25 倍最大工作压力，而不大于设计压力；安全阀最小排量应不小于所有泵能通过其排放的总容量的 110%，在此情况下，计及在预定外界环境温度下液压油黏度的影响后，压力的升高不应超过开启压力的 10%。

4. 液压系统

应设有保持液压流体清洁的设备；每一液压系统的循环油箱应设低液位报警器；应设一个固定贮油箱，其容量至少足以使一个动力转舵系统包括循环油箱进行再充液，并应设有液位计；非双套设置的液压舵机的液压缸体上与各管路连接处应设隔离阀；液压系统必要时应设有放气装置。

5. 监测和报警

发生以下故障时，应能在位于主机处所或集控室内明显位置以及驾驶台内给出声光报警：动力设备或控制系统的动力故障、自动舵装置故障、电路或电动机断相及过载、液压油柜油位低、液压油温度高、液压油滤油器压差大。

6. 舵角指示和限制

应能在舵机室内看到舵角的指示，并能在驾驶台显示舵角。舵角显示装置应独立于操舵装置的控制系统。

操舵装置应设有效的舵角限位器。动力转舵的操舵装置,应装设限位开关或类似设备,使舵在达到舵角限位器前停住。装设的限位开关或类似设备应与转舵机构本身同步,而不应与舵机的控制相同步。舵装置应有保持舵位不动的制动装置。

7. 应急动力

舵柄处舵杆直径大于230 mm(不包括航行于冰区)的船,应设有能在45 s内向操舵装置自动提供的替代动力源,这种动力源应为应急电源或位于舵机室的独立动力源,其容量至少应能向符合辅操舵装置要求的一台动力设备及其控制系统和舵角指示器提供足够的能源,可供1万总吨及以上船舶至少连续工作30 min,而其他船舶则至少为10 min。

8. 附加要求

1万总吨及以上的油船、化学品船和液化气体运输船,7万总吨及以上其他船,其主操舵装置应设两台或两台以上符合第1项规定的相同的动力设备。1万总吨及以上的油船、化学品船和液化气体运输船当主操舵装置的一套动力转舵系统的任何部分(舵柄、舵扇损坏或转舵机构卡住除外)发生单项故障以致丧失操舵能力时,应能在45 s内重新获得操舵能力。为此,操舵装置可由两个均能满足主操舵装置要求的独立和分开的动力转舵系统组成;或至少有两套相同动力转舵系统,在正常运行中同时工作能够满足对主操舵装置的要求,任一系统中液压流体丧失时应能被发现,有缺陷的系统应能自动隔离,使其他动力转舵系统保持安全运行。有的舵机只有一个执行体(如后面要介绍的单体式转叶油缸),但要对设计时的应力分析,包括疲劳分析和断裂力学分析(如适合时)和对所用材料、密封装置的安装、试验、检查以及有效的维护规定等予以特别考虑,可用于1万总吨及以上但小于10万载重吨的油船、化学品船和气体运输船。这种操舵装置的管路或动力设备的任何部件发生单项故障时,应能在45 s内恢复操舵能力。

三、舵机系泊试验和航行操舵试验

系泊试验和航行试验在安装完毕或大修后进行。系泊试验的目的是检查舵机和控制系统安装的正确性,以及舵机的空载运动性能。试验内容包括:舵角指示器指示的正确性;供电系统的效能及相互转换;手动控制、遥控系统的效能及相互转换;电气设备的工作性能及绝缘性能:动力单元的转换(人工转换应在10 s内完成);液压系统和转舵机构的功能及工况转换;舵角限制功能;失电、过载、压力、温度、液位等的报警和自动切换功能等。要求舵机工作平稳,不得有严重的超载、超速、振动、液压冲击、异常噪声、过多的泄漏以及滞舵、冲舵和跑舵现象。

航行试验的目的是检验舵机负载情况下的工作性能,具体包括:

1. 主操舵装置操舵试验

在船舶以最深吃水、最大营运航速前进时,分别进行正舵-右满舵、右满舵-左满舵、左满舵-右满舵、右满舵-正舵、正舵-左满舵、左满舵-正舵操舵,每次转舵后保持10 s。试验中,交替使用各电源、机组和控制系统。转舵速度应满足要求,不得有明显跑舵现象,电机、液压系统无过热、敲击、漏油等异常现象,电压、电流、转速、油压和操舵时船舶的最大倾角要进行记录,并不超过正常值。在最大倒航速度(一般为最大正航速度的一半,但不低于7 kn)下,使操舵角逐次增大,舵机应工作正常。

2. 辅助操舵装置操舵试验

在船舶以最深吃水、最大营运航速的一半(不低于 7 kn)前进时,对备用操舵装置进行正舵-右舵 15°、右舵 15°-左舵 15°、左舵 15°-右舵 15°、右舵 15°-正舵、正舵-左舵 15°、左舵 15°-正舵等操舵,每次转舵后保持 10 s,转舵速度应符合要求。

3. 应急电源、自动舵操舵、报警和自动切换装置应进行效用试验

舵机试验应在验船人员和船方代表在场的情况下进行。试验结束后由厂方整理试验数据,写出试验报告。

4. 开航前的试舵

每次开航前,值班轮机员应到舵机间会同驾驶台的值班驾驶员对舵机进行试验,驾驶员在驾驶台遥控启动一套油泵机组,并先后从 0°起向两舷进行 5°、15°、25°、35°的遥控操舵,判断舵机及其遥控系统工作是否可靠,舵角指示器指示是否正确,然后换用另一套油泵机组做同样的试验。备用遥控系统也应进行试验。

四、舵机常见故障分析

对于发生部位或原因不明的故障,应首先查看舵机油泵的运转情况,必要时换用备用泵试验,并通过机旁应急操舵判断故障可能存在的大体范围,然后进行认真分析和相应检查,找出故障的确实原因,及时予以排除。对于遥控系统和电气系统的故障,也应采取分段检查判断的方法,予以查找排除。下面对常见故障及可能原因予以简单介绍。

1. 舵不能转动

(1)遥控系统失灵——油泵运转正常,机旁操舵正常。若是电气遥控系统出现故障,可能是电源故障、保险丝熔断、触头或连接接触不良、电气元件(如电磁阀线圈、力矩马达、自整角机)损坏等。还可能是舵机间电气遥控系统的受动元件或机构故障,如电磁阀阀芯卡阻,传动销(轴)松脱等。如果有液压伺服系统,也可能出现故障,如辅泵损坏、伺服油缸旁通、溢流阀不能关闭、油箱液位过低、换向阀损坏、电气元件失灵等。

(2)主泵不供油——遥控系统信号发送、传递、接受和执行元件动作正常,但操舵时无油压变化或油压变化不明显,换用备用泵一般正常(两泵同时发生故障的可能性很小)。若泵不能启动可能是转动受阻(可盘车检查),或是电路故障。若泵转动但无油压,可能是泵损坏;阀控型开式系统也可能是油箱油位过低或吸入侧堵塞;泵控型系统可能是主泵变量机构卡阻、控制油路故障、控制电磁阀或控制电机故障、控制连接杆件松脱、储存弹簧折断或张力不足等。

(3)主油路故障——操舵时油压变化不正常。如油压高于正常值,或使安全阀开启,可能是舵机负荷过大,或主油路不通(泵阀、缸阀、锁闭阀未开)。如油压低于正常值,可能是旁通阀开启、安全阀开启压力过低或关闭不严、备用泵锁闭阀关闭不严(备用泵反转)、阀控系统换向阀控制失灵或卡在中位、卸荷阀不能关闭等。

2. 只能单向转舵

(1)遥控系统只能单向动作——改用机旁操舵则正常。这是因为电气遥控系统只能给出单向操舵信号,例如控制电磁阀一端线圈损坏,或伺服油缸单向严重泄漏。

(2)变量泵只能单向排油——换用备用泵一般正常。这往往是泵的变量机构某一方向运动受阻。

(3)主油路单方向不通或旁通。可能是主油路某侧安全阀开启压力过低,或主油路锁闭阀单向不能开启。

3. 转舵速度慢

(1)遥控系统控制不当——机旁操舵正常。例如力矩马达输出力矩不足、泵最大排量限位过小、液压伺服系统辅泵流量太小或调速阀调节得过小,伺服油缸漏油等使伺服油缸运动速度不够等。

(2)主泵流量太小。可能是过度磨损造成泵内泄漏严重,或者泵局部损坏所致;也可能是变量机构行程太短(如行程限制过度、储存弹簧太软)或泵转速不足;此外,油中混有较多气泡或油箱油位低,也会引起泵流量减少。

(3)主油路有旁通或泄漏安全阀、旁通阀关闭不严:换向阀、锁闭阀、隔离阀内部泄漏;转叶油缸或双作用往复油缸内部泄漏等。

4. 滞舵——舵的转动明显滞后于操舵动作

(1)遥控系统响应迟滞。例如控制杆件传动间隙大、液压伺服系统混入空气、储存弹簧张力过小、液动主换向阀控制腔的回油缓冲节流口部分堵塞或开度过小等。

(2)主油路中混有较多气体——即使机旁操舵滞舵现象也不会消除,从系统中(高于大气压力处)可放出气体。系统内空气来源可能有:充液或检修后放气不彻底;或工作油箱液位过低或补油压力太低,以及泵吸入气体;或从系统泄漏处或油缸密封处吸入空气。

(3)泵控型系统主油路内部泄漏或旁通较严重,这样泵刚开始小流量排油时,舵便可能不动或动得很慢。

5. 冲舵——舵转过指令舵角不停

(1)电气遥控系统故障,不能及时正确传递反馈信号。如相敏整流放大环节失调,电气元件故障;反馈环节失调,连接杆件或接线松动,元件损坏等。

(2)伺服系统换向阀卡阻,不能及时同中伺服油缸活塞跑位(泄漏、锁闭不严)。

(3)泵变量机构不能及时回中。例如控制杆卡阻、连接间隙大;变量活塞或机构不能及时回中。

(4)阀控型系统中液动换向主阀不能及时回中。例如阀芯卡阻或控制腔的同油缓冲节流口部分堵塞、开度过小等。

如果上述四种故障的严重程度由"不能及时"发展为"不能",那么,舵将转动不停,一直"冲"到顶住机械舵角限位器为止。

(5)转舵油缸锁闭不严。在转舵惯性大,特别是负扭矩时,也可能发生一定程度的冲舵。

(6)油缸内存在较多空气,停止进油后,因高压侧气体膨胀、低压侧气体压缩而冲舵。

冲舵发生后,如果舵角反馈机构最终仍能反馈舵角信号,那么舵机将产生"振荡",使舵叶在指令舵角附近左右摇摆。

6. 舵不准——实际舵角与指令舵角不符

往往是由于遥控系统(包括传动杆件和反馈机构)调整不当造成,传动杆件的支撑、连接点间隙过大也会引起少量舵角偏差。另外,如果系统中存在一定程度的内部泄漏、安全阀开启压力过低,那么舵转至某一舵角,系统油压升高到一定程度时,泵的供油全部泄漏旁通,无法实现更大舵角操舵。在无锁闭阀的浮动杆控制舵机系统中,如果两泵共用一套浮动杆,常用机械防反转装置防止备用泵反转引起旁通,但如两泵变量控制调整不同步,某一方向操舵时,备用泵在油压作用下会正向转动旁通油液，不能实现大舵角操舵。

7. 跑舵——稳舵时舵偏离所停舵角

多因主油路锁闭不严引起；也可能是控制系统工作不稳定引起，如电接触不良等。

8. 舵机有异常噪声及振动

(1)液流噪声：系统内空气的压缩、膨胀或在流经节流口时产生噪声，引起振动；系统内局部低压产生气穴；或吸入滤器堵塞使泵吸入不良、油温过低等也能产生噪声。

(2)液压阀噪声。例如安全阀的敲击、油路锁闭阀或液动换向阀因调整不当而动作过快产生敲击。

(3)泵机组异常振动或噪声可能是地脚螺栓松动、泵与电机对中不良、联轴节损坏、轴承或泵内部件损坏引起。

(4)管路或其他部件固定不牢。

(5)转舵油缸填料过紧。

(6)舵杆轴承磨损或润滑不良。

任务三 液压舵机的日常维护操作

正确的日常维护管理对于工作可靠性和延长舵机的无故障寿命至关重要，必须依照使用说明书的要求严格执行，不可因为舵机工作正常而放松对其的维护管理。除了进行定期的维护外，日常管理中应注意以下事项：

1. 舵机的工作环境

舵机间应该保持清洁、干燥和合适的温度，以防止机械、电器元件过快锈蚀、过热等造成损坏，保证设备的工作性能，并为管理人员提供有利的工作环境。冬季注意供热保温，夏季和潮湿季节应注意适当通风。

2. 连接、锁紧件的紧固与设备清洁

随时检查安装螺栓、管路连接螺栓、传动连接杆件调节锁紧螺母等的紧固情况。保持舵机设备清洁，随时清除设备表面的油污、凝水水滴和其他污渍，以便于观察设备的泄漏及过热痕迹。特别是裸露金属面，更应经常清洁并涂布润滑脂，以防锈蚀。

3. 油箱油位

液压泵工作油箱和补油箱的油位应保持在油位计的2/3高度左右。油位增高表明油中混入过多气泡或油冷却器漏水，油位降低则表明系统漏油，都应及时查明、修复。

4. 设备和液压油工作温度

泵与电机等机电设备不应有过热现象，否则应立即查明原因，予以消除。泵轴承部位的温度比油温高10~20 ℃为正常。最合适的工作油温是30~50 ℃，高于50 ℃时应使用油冷却器。工作油温一般应不超过60 ℃，超过70 ℃时一般应停止工作，查明原因，加以解决。

5. 工作油压

小舵角时主泵的排出侧油压远低于额定工作油压,大舵角时也不应高于额定工作油压,否则说明舵机超负荷。主泵的吸入油压应不低于由补油条件(闭式系统)或吸入条件(开式系统)所确定的正常数值。辅助油路中各处油压应符合设计要求。指示仪表应保持完好准确,检查时可关闭压力表阀。

6. 油液的清洁与过滤

平时应注意滤器前后的压差,按要求及时清洗或更换滤芯,应注意滤出物的属性及增长情况,以判断其来源,预测系统可能出现的故障,初次使用或系统大修后的舵机,更要注意及时清洗滤器。定期取样化验系统油液污染情况,对污染严重或变质的油液一定及时更换。为使油样真实,应在油液呈充分流动的状态下取样,取样前应对采样阀门和接管进行冲洗。要保持油箱加油口或透气口处滤器的完好,充入或补入系统的新油应严格过滤,防止外界杂质进入系统。

7. 润滑

油缸柱塞或活塞杆的暴露表面应保持清洁,并浇涂适量工作油,以减少杂质经挡尘圈和密封圈进入系统的机会,减少对柱塞表面和密封圈的磨损。长期停用时,这些表面应涂布润滑脂防锈。要注意对各传动杆件的铰接点、手动操纵螺杆及其轴承、舵杆轴承、舵柄传动摩擦件(如拨叉、滚轮或滑块)和导向面等处定期加注润滑脂,保持良好润滑。如设有油杯,应及时补充润滑油(脂),油杯中的油芯绳应定期用煤油或苏打水清洗,或者换新,保持通透性。

8. 泄漏

舵杆填料不应漏水,如发现泄漏可适当均匀上紧压盖,或在船舶空载时换新填料。舵杆填料的顽固性泄漏往往由舵杆轴承径向支承损坏所致,一有机会就应及时修复。油箱、油缸、阀件、油管及接头等处不应漏油。油缸填料处出现泄漏,若少量调紧压盖不能消除,应及时换新V形密封圈。更换时拆开压盖,用专用工具取出压环和填料,或者借用手摇泵或主油泵小排量建立一定油压,慢慢挤出密封圈。安装时,垫圈、各道密封圈和压环要安放妥帖,不得歪扭,压盖要均匀适度上紧。操作时注意不要划伤密封圈和柱塞表面。柱塞表面的划痕可用细油石或研磨膏打磨光滑,如有较深的划痕,特别是纵向划痕,应送厂修复。

9. 振动与噪声

舵机应运转平稳、安静,如有异常,应立即查明原因,设法处理。

10. 电气设备

定期检查电气设备的绝缘情况,检查和清洁触头、换向器,检查防止各接头松动。

项目七 船舶制冷装置操作与运行管理

●能力目标

1. 熟悉制冷装置系统及工作原理。
2. 制冷装置启动与停用的正确操作。
3. 制冷装置运行管理与维护操作。
4. 制冷装置故障分析与排除。

任务一 制冷系统的启动与停用操作

一、蒸气压缩式制冷循环的基本原理和组成

蒸气压缩式制冷装置是由压缩机、冷凝器、膨胀阀和蒸发器四个基本的设备组成,如图7-1-1所示。

低温低压的液态制冷剂进入蒸发器中,吸收冷库内被冷物体释放的热量而不断沸腾气化,

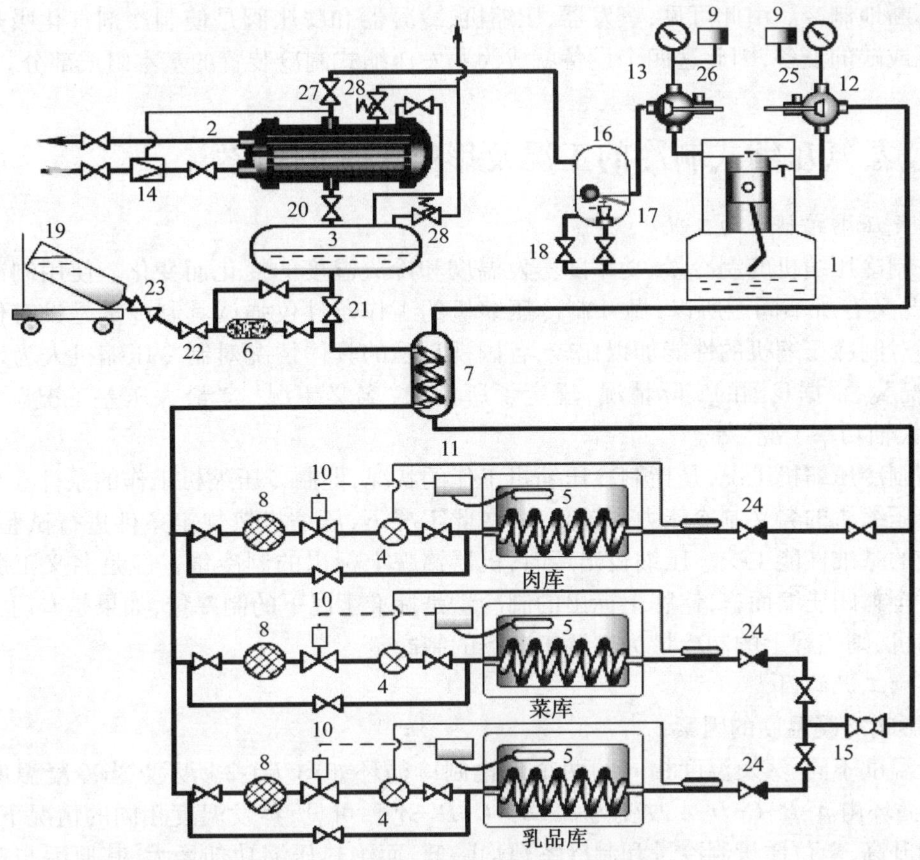

图 7-1-1　船用伙食冷库制冷系统模拟图

1—压缩机；2—冷凝器；3—贮液器；4—热力膨胀阀；5—蒸发器盘管；6—干燥器；7—回热器；8—过滤器；9—压力继电器；10—电磁阀；11—温度继电器；12—吸入截止阀；13—排出截止阀；14—水量调节阀；15—蒸发压力调节阀；16—滑油分离器；17—浮球式自动回油阀；18—手动回油阀；19—制冷剂钢瓶；20—冷凝器出液阀；21—贮液器出液阀；22—充剂阀；23—钢瓶阀；24—止回阀；25—吸入阀多用通道；26—排出阀多用通道；27—冷凝器进口阀；28—安全阀

压缩机进而将蒸发器内排出的低压制冷剂蒸气吸入气缸内，并将其压缩成高温高压的制冷剂蒸气，再将其排至冷凝器，高温的制冷剂蒸气在冷凝器内被循环的冷却介质（水或空气）冷却，冷凝成液态制冷剂。在冷凝过程中，制冷剂把从冷库中带出的热量和压缩机的压缩功传递给冷却介质。液态制冷剂经膨胀阀节流降压成为低温、低压的液体制冷剂，然后制冷剂重新进入蒸发器气化吸热。制冷循环不断地进行，冷库的热量也就不断地通过循环的制冷剂转移给外界冷却介质，从而达到并维持冷库温度在一定的低温范围内。

蒸气压缩式制冷是选择沸点很低的液体，例如在标准大气压下沸点为-40. 8 ℃的氟利昂22 作为制冷剂。液体制冷剂经膨胀阀节流进入冷库内的蒸发盘管中，制冷剂就会在较低的压力下吸热气化，从冷库中吸收热量，使库温降低，从而实现制冷。

为了使蒸发器中的压力不致因制冷剂的不断流入、气化而升高，需要压缩机将制冷机中的气态制冷剂及时抽出，以维持蒸发器中稳定的低压，同时将气态制冷剂压缩到高温高压状态送入冷凝器，实现气态制冷剂对外放热的条件。这样就可在冷凝器中利用舷外海水对制冷剂气体进行冷却冷凝，以使其重新液化，然后再经膨胀阀节流送入蒸发盘管中再次气化吸热，以实现连续不断地制冷。由此可见,蒸发器、压缩机、冷凝器和膨胀阀是使制冷剂气化吸热和重新液化不可或缺的设备,因此这四个设备就成为蒸发压缩式制冷装置的基本组成部分。

二、蒸气压缩式制冷的工况及影响工况的因素

1. 蒸气压缩式制冷的工况

同一制冷压缩机的制冷量、功率随蒸发温度和冷凝温度的变化而变化。使用制冷剂不一样时,情况又有所不同。所以,抛开制冷压缩机的工作条件仅强调其制冷量是没有任何意义的。为了对制冷压缩机的性能加以比较,各国视自己的具体情况对制冷压缩机人为地规定了几种"工况"。根据我国的实际情况,规定了所谓的"名义工况"、"最大压差工况"、"考核工况"、"最大轴功率工况"等。

所谓制冷压缩机工况,是指制冷压缩机工作的状况,即制冷压缩机工作的条件。名义工况是指制冷压缩机的名义制冷能力和轴功率,在此工况下,压缩机按规定条件进行试验,并作为性能比较的基准性能工况。压缩机出厂时,机器铭牌上标出的制冷量一般是名义工况下的制冷量。对全封闭压缩而言,铭牌上标出的制冷量是标准工况下的制冷量,如果是专门为空调配用的压缩机,则铭牌上的制冷量为空调工况下的制冷量。

2. 影响工况的因素

(1)影响冷凝温度的因素

冷凝温度不同、蒸发温度相同的两个理论制冷循环如图 7-1-2 所示。当冷凝温度升高至 T'_0,制冷循环由 $A-B-C-D-A$ 改变为 $A'-B'-C-D'-A'$。可见,蒸发温度相同的情况下,随着冷凝温度的升高,单位质量制冷量和制冷系数均降低,而绝热压缩功却增大,其原因与蒸发温度降低类同。由于膨胀阀前后压差的增大使制冷剂循环量增大,而排气压力的升高导致余隙容积影响增大,又会使制冷剂的循环量因压缩机的排气量减小而有减小的趋势,制冷剂的循环量 G 不可能有明显的变化。所以,冷凝温度提高后,装置的制冷量 Q' 也会降低。可见,采取措施降低制冷剂的冷凝温度,既能提高装置的制冷量,又能提高其运行的经济性。但冷凝温度过低,可能会因膨胀阀前后压差明显下降而导致制冷剂流量不足,反而使装置制冷量下降。

(2)影响蒸发温度的因素

图 7-1-3 给出了冷凝温度相同、蒸发温度不同的两个理论制冷循环。当蒸发温度从 T_0 降至 T'_0 后,制冷循环由 $A-B-C-D-A$ 改变为 $A-B'-C'-D'-A$。由图可见,在冷凝温度不变的条件下,随着蒸发温度的降低,单位质量制冷量和制冷系数均减小,而单位绝热压缩功却增大。这是由于蒸发压力相应降低,液体制冷剂流经膨胀阀节流降压时液体的蒸发量增大,在蒸发器中却提高了单位绝热压缩功。由于吸气压力的降低,使压缩机的质量排气量,即装置中制冷剂的循环量 G 减小,故蒸发温度降低后装置的制冷量 Q' 和制冷系数会明显下降。因此,在使用管理中,切忌把蒸发温度调得过低,过低的蒸发温度有害无益。

三、制冷装置的启动与停用

制冷装置在正常情况下,能够自动启动,但装置拆修复装或长时间停车后,需要人工启动,制冷装置启动前应满足如下要求:

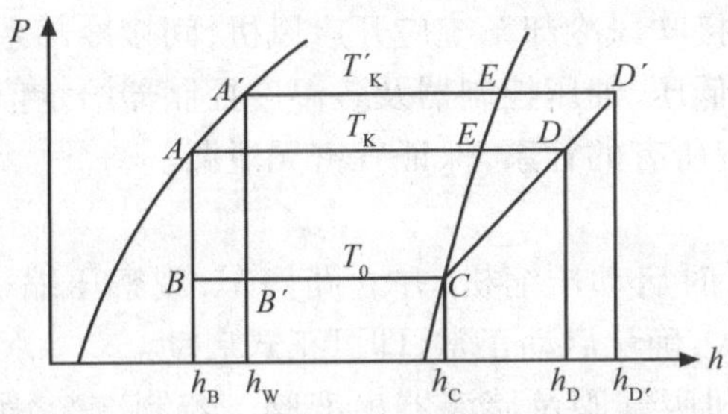

图 7-1-2　冷凝温度不同的两个理论制冷循环

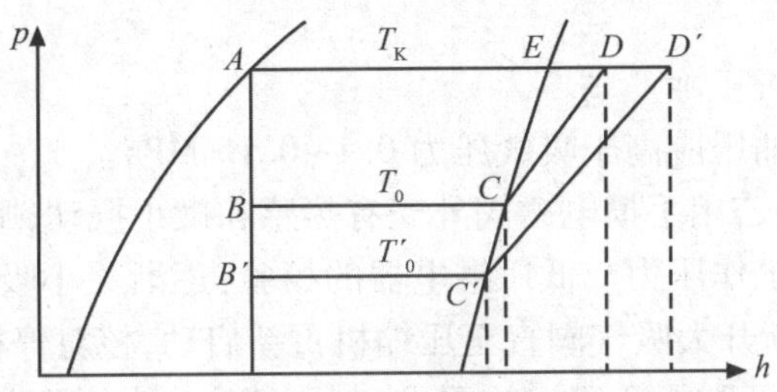

图 7-1-3　蒸发温度不同的两个理论制冷循环

1. 启动前系统检查

(1)压缩机曲柄箱内的润滑油油位应在示油镜中间位置或偏上。

(2)储液器内制冷剂液面应在液镜 1/2~1/3 处,如图 7-1-4 所示。

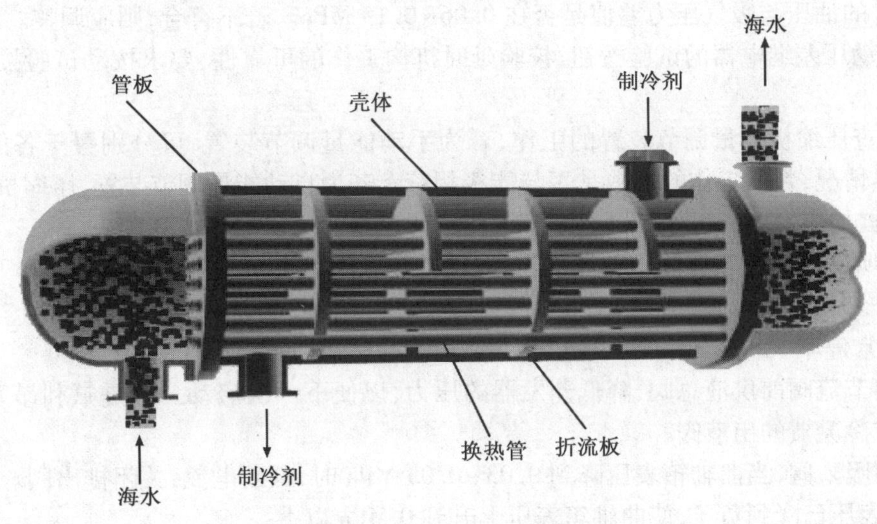

图 7-1-4　壳管式冷凝器

(3)开启压缩机排气阀及高低压系统有关阀门。

(4)检查装置四周有无障碍物。新安装或检修复装后首次启动的压缩机,应手动盘车试转。

(5)对具有卸载-能量调节装置的压缩机,应将能量调节手柄放在最低的容量位置。

(6)检查电源电压,接通电源。

(7)开启冷却水泵,直接吹风冷却系统应开启风机,间接冷却系统则应开启盐水循环泵。

(8)调节压缩机高压、低压、油压控制器及各温度控制器给定值。

(9)检查制冷循环系统所有的管系,保证气密无泄漏。

2. 启动

启动准备工作完毕,瞬时启动压缩机,并立即停车,观察压缩机、电动机的启动状态和转向,然后再反复启动2~3次,确认启动正常,即可正式启动。

启动后逐渐开启压缩机吸气阀及储液器出液阀。若制冷装置设有卸载-能量调节机构,应逐步调节到所要求的容量。在启动时间还应观察机器运转、振动情况,系统高、低压及油压是否正常,检查电磁阀、能量调节阀、膨胀阀及回油阀的工作等,直到确认装置工作稳定。

3. 运转中的检查

(1)压缩机的转向是否正确。

(2)油压是否正常。油压应高于吸气压力0.1~0.15 MPa。

(3)电磁阀是否开启,若用手摸电磁阀外壳有热感和微小振动,则表明阀已经开启。

(4)检验压力继电器工作压力。低压继电器的校验:逐渐关小吸气截止阀,缓慢降低吸气压力直到压缩机停机,逐渐开大吸气阀直至压缩机重新启动,核对停机和重新启动时的吸气压力是否符合低压继电器断开和闭合压力的要求,若不符合,则应调整。为准确起见,宜校验三次以上。高压继电器的校验:开足吸气截止阀,关小冷却水泵的排出截止阀,减小冷却水量使排气压力逐渐升高,直至压缩机停机。然后开大水泵的排出截止阀直至压缩机重新启动。校验停机和重新启动时的排气压力是否符合高压继电器断开和闭合压力的要求。若不符合,则应调整。压力继电器检验:转动油压调节阀的调压螺钉,使油压逐渐下降,直至压缩机停机。核对停机时的油压与吸气压力差值是否在0.06~0.15 MPa。若不符合,则应调整。

(5)按动压差继电器的试验按钮,校验延时机构工作的可靠性,要求按动试验按钮后压缩机应停机。

(6)检查压缩机能量调节装置的工作,若为手动能量调节装置,可分别置于各能级,用手摸缸的发热情况,判断工作的缸数是否与能级相符。若为自动能量调节装置,压缩机应全负荷运行,全部缸均应发热。

(7)倾听膨胀阀是否有制冷剂流动声,以检查膨胀阀是否畅通。

4. 制冷装置的停车

(1)正常停车

①关闭节流阀前供液总阀,降低蒸发器的压力,以便下一次启动。若是氟利昂系统,应关闭储液器或冷凝器的出液阀。

②关闭吸入阀,当曲轴箱表压降到0.03~0.05 MPa时,截断电流,关闭排出阀。如停车不当,曲轴箱表压已降到负压,使曲轴箱表压上升到0 MPa以上。

③将油浸启动变阻器手轮从运行位置移动到启动位置。对于新系列产品应将能量调节位置移向“0”位。

④待2~3 min后,将冷却水系统和冷冻水系统关闭,停止搅拌机,记录停车时间及做好交班准备。

⑤若是长期停车,除全封闭式制冷机外,应将制冷剂收集到储液器中,即把储液器出液阀

关闭,将蒸发器中制冷剂抽回。这时,除安全阀的截止阀、表阀、均压阀、液面器阀开启外,其他阀门均呈关闭状态,然后消除制冷剂泄漏处,做好机器设备的油封工作,即每隔半月盘车一次,对于氟阀门除压紧杆填料之外,还应把阀帽旋紧。

⑥各种制冷装置,在长期停车中,应将系统中水放掉,以防因环境温度较低而冻坏设备。若在南方地区,因气温较高,可不必放水,因放水后空气进入,对管内壁腐蚀比有水的情况要严重些。

(2)事故停车

事故停车是制冷装置在运行过程中,遇到意外设备故障或因外界影响将对制冷系统带来严重威胁时所采取的应急措施。有的需要紧急停车,有的需果断停车处理,总之要根据情节和危害程度来采取相应办法。在处理紧急停车时应沉着而迅速,切忌因惊恐失措而乱关控制阀门或电气开关,谨防事故的蔓延和扩大。

遇到下列情况,应做紧急停车处理:

①电源突然中断停车。应立即关闭调节站节流阀,停止向蒸发器供液,以免下次启动时,因蒸发器内液体过多而产生湿压缩,然后关制冷机吸、排气阀。对于氟利昂,在有电磁阀的条件下,可不作处理,拉下电源开关,检查停电原因,确认故障排除后,可重新启动。

②突然停水停车。由于检修管路或其他原因,冷却水突然中断时,应立即切断电源,停止制冷机运转,避免冷凝压力过分升高,然后再关节流阀,制冷机吸、排气阀(对水冷式氟利昂制冷机同样要切断电源),经查明原因并消除后,可再行启动。如因停水,系统或设备安全阀超压跳开,还应对安全阀试压一次。

③遇火警停车。当与冷冻站相邻的建筑物发生火灾危及冷冻系统的安全罐时,应立即切断电源,迅速打开储液器、油水分离器、蒸发器各放油阀(一般设计时,这些放油阀与紧急泄氨器相连),开启紧急泄氨器,使系统氨液集中于紧急泄氨口迅速排出,以防止因火灾蔓延而使制冷系统发生爆炸事故。

任务二 干燥剂的更换

一、干燥-过滤器的基本知识

干燥-过滤器位于供液总管上,其功能是滤除系统中的污染物,以防出现脏堵;去除系统中的水分,以防止“冰塞”。滤网(100~120 目)一般为细铜丝网,干燥剂常用的有硅胶与分子筛两种,利用吸附原理去除水分,如图 7-2-1 所示。

硅胶采用掺染色剂的方法,使吸足水分的硅胶变色以便观察,颜色由染色剂种类而定,硅胶可再生后重复使用,再生温度为 150 ℃左右,时间需 3~4 h,硅胶在温度大于 30 ℃时吸水性

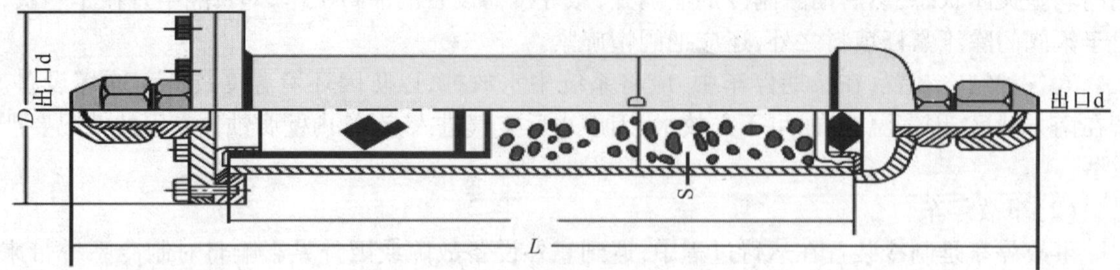

图 7-2-1　干燥-过滤器结构

变差。分子筛是一种人工合成的晶体,在 60 ℃以下有足够的吸水性,再生温度为 500 ℃。为延长过滤干燥器的使用寿命与减少系统阻力损失,在系统中设有旁通阀,只有当系统充液并充油后、拆检后出现"冰塞"现象时才投入使用。空调系统虽不会"冰塞",但为防止腐蚀,也要对系统做干燥处理。

过滤器和干燥器通常组合在一起,构成干燥-过滤器。干燥剂的两端均设有滤网,为避免干燥剂颗粒在液体制冷剂的冲击下互相摩擦而产生粉末被带出,填充干燥剂时应墩压结实。有些干燥器还装有弹簧,使干燥剂处于压实状态。过滤器和干燥器装于储液器与膨胀阀之间的输液管路上。过滤器用以阻挡铁屑、焊渣和泻物等固体颗粒,以免堵塞通道。干燥器用以吸收随制冷剂循环的水分,以免膨胀阀和通道处发生"冰塞"。来源于制冷剂、滑油及操作管理不当渗入的游离状水,当其达到低温处时,会结冰而堵塞通道,阻碍甚至完全停止制冷剂的循环,从而破坏装置的正常制冷。膨胀阀的阀孔狭小,是制冷剂首先降温之处,故易发生"冰塞"。

常用的干燥剂有硅胶、分子筛、活性氧化铝和无水氯化钙等。硅胶呈颗粒状,吸水后其颜色会发生变化,通常加入染色剂,以便判断其吸水程度。按所加入的染色剂的不同,在硅胶吸水前后的颜色变化为:白色变黄色,棕色变蓝色,绿色变无色,红色变淡粉色,深蓝黑色变桃红色等。吸水后的硅胶可在 140~160 ℃下烘烤 3~4 h 再生,继续使用。硅胶凝结成水滴后会碎裂。

活性氧化铝,吸水性能比硅胶强,但吸足水分后易粉化,适宜在临时外接的、体积较大的干燥器中使用。

无水氯化钙吸水性能好,但它是化学吸水剂,吸水后易成粉末,甚至生成具有腐蚀性的水溶液,故只用于临时性的外接干燥器,作为系统中存在大量水分时应急用。一般 24 h 以内应拆除或更换干燥剂。

干燥-过滤器的安装:应使液流方向与干燥-过滤器上箭头的方向一致,以保证其出口端的毡垫阻止干燥剂的粉末进入系统。充注或补充制冷剂时,或系统发生"冰塞"时,可接入干燥器,运行一段时间未见"冰塞"发生,宜旁通干燥器或撤除干燥剂,以减小制冷剂的流阻,避免"闪气",防止干燥剂粉末被气态制冷剂冲入系统。

二、具体更换步骤

(1)首先准备好工具及干燥剂。

(2)关闭储液器的出液阀、旁通阀及干燥器的进口阀,打开干燥器出口阀,以回收干燥器及管路内的制冷剂。

(3)等制冷压缩机低压停车后,关闭干燥器的出口阀,拆下干燥器。

(4)拆下干燥器的端盖,取出卡簧、滤网,将用过的干燥剂倒掉。

(5)用挥发性清洁剂(丙酮、四氯化碳)清洁干燥器内壁及滤网。

(6)更换新的干燥剂,填满压实,装上滤网、卡簧,检查密封垫圈是否破损,上紧端盖。

(7)将干燥器连接在管路上,上紧进口阀接头螺母,微开出口阀接头螺母,打开干燥器进口阀、出口阀,用制冷剂将干燥器及管路内的空气排出。

(8)上紧干燥器出口接头螺母,打开出口阀,关闭旁通阀,使干燥器投入运行;运行一两个小时后,将干燥器撤出运行。

(9)对拆检过的部位进行检漏。

任务三 制冷剂的充装

一、常用制冷剂的理化特性

氟利昂 22(R22)及氟利昂 134a(R134a)的热力、理化性质有:

(1)临界温度不太低,以便在常温及普通低温下能够液化。

(2)在工作温度范围内具有适宜的饱和蒸气压力,即蒸发压力不低于大气压力,以免外部空气渗入系统,冷凝压力不宜过高,否则会引起压缩机耗功增加。

(3)单位容积制冷量大。

(4)黏度和密度小,减少流动阻力。

(5)热导率高,以减少换热设备的传热面积。

(6)不燃烧、不爆炸、无毒,对金属材料不腐蚀、与润滑油不发生化学作用、高温下不分解。

(7)绝热指数小,可以降低排气温度,提高机器的安全运行和使用寿命。

(8)凝固温度低。

(9)具有良好的电绝缘性能。

(10)价格低廉,易于获得。

(11)对人类生态环境无破坏作用。

R22 的热力学性能与氨相近。但 R22 不燃、不爆,使用安全可靠。R22 的标准气化温度为

-40.8 ℃,通常冷凝压力不超过 1.6 MPa。

R22 对水的溶解度大,能部分与润滑油互溶,但在低温制冷系统仍然可能产生“冰塞”或集油。因此在制冷系统中必须安装过滤-干燥器和分油器。

R134a 是一种新型制冷剂,其标准蒸发温度为-26.5 ℃,R134a 不含氯原子。其臭氧消耗潜值(ODP)为 0,全球变暖潜能值(GWP)为 0.26。30 ℃时冷凝压力为 0.771 MPa。R134a 绝热系数为 1.11,压缩机气缸无须用水冷却。R134a 宜采用不吸附 R134a 的合成泡沸石作为干燥剂。

R134a 密封材料宜采用氢化丁腈橡胶、氯化橡胶。R134a 本身无润滑性能,因此,对润滑要求更高,使用普通冷冻机润滑油会造成回油困难以及压缩机功耗增加。目前适用 R134a 系统的润滑油为 PAC 和 POE 等脂类润滑油,但此类润滑油会吸湿,所以保管中应注意防潮。R134a 不含氯元素,不能用卤素检漏灯检漏。

二、制冷剂充注

1. 高压侧充注

充注时借助充液铜管将氟利昂液罐和系统加液阀连接。拧紧接口螺母前,稍微松开液罐阀门以驱赶管内空气,拧紧后液罐倒置(一次性用罐则不必),稍开阀门检查配管系统,确认无泄漏后关上冷凝器出液阀,打开液罐及充液阀,启动压缩机即向系统充注,由液罐磅秤确定系统是否已达到规定充量。反复操作完成充注后,切断加液阀,打开冷凝器出液阀,系统即可正常运转。另一种高压侧充注是在停机状态下借助压缩机高压排气阀多用通道口装上三通接头,一端接真空压力表,另一端连接充注管,经过干燥过滤器和钢瓶连接,向冷凝器充注。

2. 低压侧充注

充注时借助压缩机吸气三通阀充注铜管接到氟利昂钢瓶另一端上,充注管路上装有真空压力表以便操作,钢瓶直立,微开钢瓶阀门以驱赶管内空气,拧紧按口螺母后调节三通阀,使压缩机仅处于从气瓶吸气状态,启动压缩机,随时调整钢瓶阀,控制吸气压力不超过 200 kPa(表压)。由磅秤确定系统是否已达到规定充注量。为了加速充注速度,可用温水淋浇或浸泡钢瓶,但不能浸入热水以免发生危险。充注完毕后关闭钢瓶阀门,待充注管内压力降到底即 0 kPa(表压)时关闭压缩机,全开三通阀,关闭充注口,取下充注管后拧紧螺母,恢复三通阀至正常工作状态位置,充注即告完成。

任务四
制冷装置的检漏操作

制冷装置运行中,由于振动造成的连接部件松动、阀杆填料未压紧、管路腐蚀、压缩机轴封损坏或拆检某些设备后装复不符合要求等,会造成制冷剂的泄漏,所以检漏是经常性的维护工作。制冷剂的检漏一般可采用油迹检漏、卤素检漏灯和肥皂液检漏。

一、油迹检漏

平时做好装置各部分的清洁工作，对于氟利昂制冷装置，出现油迹处即为制冷剂泄漏的地方，这是由于氟利昂与油能互相溶解，泄漏的制冷剂中溶有油。

二、卤素检漏灯

是以乙醇或甲醇做燃料的喷灯。氟利昂气体与喷灯的火焰接触会分解为氟、氯气体，氯与铜接触便形成氯化铜气体，使火焰的颜色改变，因此，通过火焰的颜色是否改变就可判断有无泄漏。使用检漏灯时可旋下底部旋塞，筒内注满酒精或甲醇，后旋紧旋塞，黄铜烧杯内注入酒精，点燃以加热酒精筒和喷嘴，使筒内酒精汽化升温。待杯内酒精快烧完时，稍开调节阀，从喷嘴喷出的酒精气即被点燃。由于喷嘴的高速喷射，使喷射腔内压力低于大气压，于是吸气软管便能吸入气流。若阀杆填料和轴封等处泄漏，则火焰的颜色就会由浅蓝色变为淡绿、深绿、紫绿色。颜色越深，表明泄漏越严重。

检漏时应注意：

(1)检漏前舱室应充分通风，以便尽可能地排出被污染的空气，检漏不要抽烟。三氯乙烯和四氯化碳等清洁剂的气体也能使火焰变色，应防止由此引起的误会。

(2)泄漏严重时，不宜采用此法。因此时不易查出泄漏确切部位，并且氟利昂气体与明火接触会产生有毒的光气，检漏时应避免吸入。若发现火焰呈紫绿色和亮蓝色时，就不应再用灯检漏，可改用肥皂液检漏。

(3)检漏完毕，熄火关闭调节阀时，不要关得太紧，以免冷却后卡死或阀体开裂。

三、肥皂液检漏

把调成一定浓度的肥皂液涂于可能渗漏部位，观察是否有气泡来判断有无泄漏。检漏处内部压力需 0.35~0.4 MPa，否则很难查出微小渗漏。此法不适用于 0 ℃以下环境。

任务五 制冷装置的参数调整

制冷装置运行的参数主要有：蒸发温度和蒸发压力；冷凝温度和冷凝压力；压缩机的吸、排气压力；节流前的制冷剂液体温度；两级压缩制冷系统的中间压力等。这些运行参数不是固定的，而是随外界条件（如冷却水温度、被冷却对象的冷负荷）的变化而变化的。所以，在制冷装置调试时，必须根据外界条件和装置的特点，调整各个运行参数，使它们在合理、经济和安全的数值下运行。

一、蒸发温度和蒸发压力

蒸发温度和蒸发压力是根据用户的要求确定的。装置运行的蒸发温度,应根据被冷却介质的温度要求及工作特点来确定。调整蒸发温度,实际上是调整蒸发温度与被冷却介质温度之间的温度差。从传热的观点考虑,温差取得大,其传热效果好、降温快。但是加大传热温差,就使蒸发温度降低。对压缩机的制冷量来说,当冷凝温度一定时,蒸发温度越低,其制冷量越小,由于制冷量不足,进而使被冷却介质温度降不下去。而温差变小,则传热效果差,压缩机制冷量虽然很大,但蒸发器热交换不充分,因此,我们应根据制冷设备的不同形式,合理地选择温差。

根据我国 JB/T 4329-1997 容积式冷水(热泵)机组标准规定,冷水机组的名义工况为冷水进口水温为 12 ℃,出口水温 7 ℃,冷却水进口水温 30 ℃,出口水温 35 ℃。所以冷水机组在出厂时,自动控制和保护元器件的整定值将使冷水机组保持在名义工况下的运行状态。由于提高冷水的出水温度对机组的经济性十分有利,运行中,在满足空调使用要求的情况下,应尽可能提高冷水出水温度。如果实际使用中机组长期运行的冷水出水温度不是 7 ℃,订货时应在合同上注明所需要的冷水出水温度要求。在机组的实际操作中,应根据空调对象的具体要求,可将冷水的出水温度适当提高或降低。一般情况下,蒸发温度较冷水出水温度低 2~4 ℃,则控制蒸发温度在 3~5 ℃。对于冷却液体介质的蒸发器,它的蒸发温度应比被冷却液体介质温度低 4~6 ℃。调整蒸发温度与被冷却介质温度的差值,实际上就是调节节流阀的阀孔开度。

目前常用的节流阀有手动节流阀、热力膨胀阀、恒压膨胀阀、浮球阀等。在调试运行时,主要靠观察蒸发压力的变化来判断膨胀阀的开度是否适中,如果阀开度过小,供液量不足,则使蒸发压力和蒸发温度下降,压缩机吸气过热,排气温度亦升高;而供液量过多时,则蒸发压力和蒸发温度都升高,过量的液体还会使压缩机产生液击事故,所以正确地控制节流阀的开启度是运行中调节蒸发温度和蒸发压力的主要方法之一。此外,当冷却设备负荷和压缩机的容量不变时,若蒸发器热交换面积设计过小或内外表面有污垢,则使蒸发温度降低;如热交换面过大,则蒸发温度升高;如果冷却设备负荷和蒸发器热交换面积都不变时,压缩机容量增大,则蒸发压力和温度降低,容量减少时,则蒸发温度和压力升高。

二、冷凝温度和冷凝压力

制冷系统的冷凝压力为高压表所指示的压力,用绝对压力表示。查制冷剂热力性质表可知,在一般情况下,冷凝温度比冷却水进口温度高 5~7 ℃,比强制通风的冷却空气进口温度高 10~15 ℃。当蒸发温度不变时,冷凝温度升高,冷凝压力也升高,压缩机的压缩比增加,输气系数减少,压缩机制冷量降低,而耗电量却增加。此外,冷凝压力升高,压缩排气温度升高。如果排气温度过高,则使压缩机润滑油变稀,影响润滑。当排气温度与润滑油门点接近时,将会使部分润滑油炭化并积聚在排气阀门中,影响阀门的密封性。此外,对阀片、端盖弹簧等均有影响。

冷凝温度过高,从设计角度分析是因为冷凝面积过小。此时,不能在规定的压力下将压缩机排入冷凝器的过热蒸气全部冷凝为液体,而只有在较高的压力和温度下冷凝。在这种情况下，只有增加冷凝器面积或减少并联系统的压缩机运行台数。

运行过程中，冷凝器内表面有油膜、水垢或系统内有少量空气等不凝性气体，均可使传热热阻增加，使制冷剂蒸气不能及时冷凝。通常处理方法是定期放油、放空气，并根据水质情况定期清除水垢。

降低冷凝温度对制冷装置的运行有利，其可采取的措施有两个：一是降低冷凝器冷却水的进水温度；二是加大冷却水量。但冷却水温度取决于大气温度和相对湿度，受自然条件变化的影响和限制；而加大冷却水流量简单易行，但加大冷却水流量，引起冷却水泵功耗增加，过高的流速还会加剧水管磨损，故应全面考虑。此外，冷却水是开式循环系统，冷却塔在大气中进行，灰尘、杂物和大气中的腐蚀气体与有害物质会溶解在冷却水中，在阳光作用下造成氧化加剧，以及微生物在水中繁殖，对冷却水系统工作存在严重危害。因此，有关操作规程规定冷却水系统和冷凝器管道每年必须彻底清洗一次，以保证冷凝器的正常工作性能。

三、压缩机的吸气温度

压缩机的吸气温度，对容积式压缩机来说，是指压缩机吸气腔中制冷剂气体的温度。吸气温度高，排气温度亦高，制冷剂被吸入时的比容大，此时压缩机的单位容积制冷量变小；相反，压缩机吸气温度低时，其单位容积制冷量大。但是压缩机的吸气温度过低，可能造成制冷剂液体被压缩机吸入，使往复式压缩机产生液击现象。

此外，压缩机吸入管道的长短和包扎的保温材料性能的好坏，对过热度的大小也有一定影响。吸气温度一般控制在：制冷装置的吸气过热度为 5~10 ℃，在设回热热交换器的氟利昂系统吸气过热度为 15 ℃比较合适。因此在机器运行操作中，必须注意对压缩机吸气温度的控制，通常是用调节热力膨胀阀的调节螺杆来调节过热度的大小。

四、压缩机的排气温度

压缩机的排气温度是制冷剂经过压缩后的高压过热蒸气温度，可从排气管路上的温度计读出。由于压缩机所排出的制冷剂为过热蒸气，其压力和温度之间不存在对应关系。

排出压力一般稍高于冷凝压力，而排出温度较冷凝温度高得多。排气温度除与制冷剂种类有关之外，主要与吸气温度、压力及压力比有关，并随着它们的增大而提高。冷凝温度和排气温度过高对压缩机的运行都是不利的，应予防止。

任务六 冷冻机油的添加与更换

装置运转正常的情况下，压缩机滑油的耗量很小，不会产生缺油现象，氟机总制冷剂带进系统的滑油可通过油水分离器或合理布置的回气管经回油孔返回压缩机的曲轴箱；新安装或大修后的装置，各部分会积存一定的滑油，出现滑油不足的情况。所以若需添加过多的滑油或需经常添加滑油，则说明系统存在回油不畅、油温过高或严重泄漏等弊病，应及时检查纠正。

添加滑油必须注意：滑油应储存于封口的容器中，以免空气中的水分和污物进入；添加滑油的牌号应与原有滑油牌号相同，不同牌号的滑油不能混用，以免滑油变质；添加滑油应适量，加入过量滑油易使压缩机产生液击，导致热交换器传热系数和热膨胀阀的制冷剂量降低。

检查曲轴箱油位镜是否少于正常值，手动开启油气分离器的手动回油阀，以确认回油装置是否畅通，如图 7-6-1 所示。添加滑油的方法有三种。

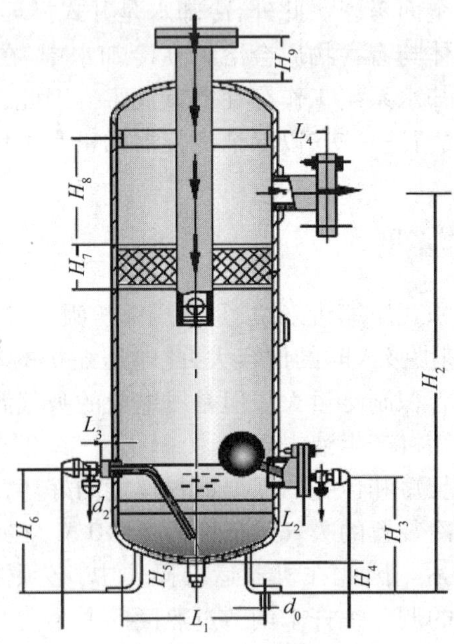

图 7-6-1　油气分离器

一、从压缩机多用孔道吸入

此法适用小型压缩机，操作步骤如下：

(1) 关闭压缩机吸入多用孔道，装上"T"形接头，接好油接管和真空表，稍开多用孔道即关，用机内制冷剂驱除接管内的空气，立即用拇指封住接管的管口。

(2) 关闭压缩机的吸入截止阀，隔断压缩机与回气管的通路。

(3) 把转换开关置于"手动"位置或短接低压继电器，启动压缩机瞬时即停，重复 2~3 次，防止溶于滑油中的制冷剂把滑油带进气缸而产生"液击"，然后运行几分钟，直至达稳定的真空后停机。

(4) 把拇指封住的管口置于油中，松开拇指，油即经接管、多用孔道和回油孔被吸入曲柄箱。若油的吸入量不足，可用拇指封住管口，重复以上操作。

(5) 开启吸气截止阀，关闭吸入多用孔道，拆去接管，把低压继电器复原。然后再稍开多用孔道，以把低压信号引入压力表和低压继电器。

二、从压缩机曲柄箱的加油孔注入

(1)关闭压缩机的吸气截止阀,把机内的制冷剂收入储液器,直至压力表指“0”停机。

(2)关闭排气截止阀,旋出加油孔旋塞,从加油孔注入滑油,直至油面达油位线为止。

(3)开启吸气截止阀,用制冷剂驱使侵入曲轴箱内的空气,旋紧加油孔旋塞,开启排气截止阀。

三、利用曲轴箱上的加油阀加油

此法适用于装有加放油阀的压缩机,可在压缩机运行中加油,操作步骤如下:

(1)在加油阀上装上加油接管,把加油阀转至“放油”位置,利用曲轴箱内具有一定压力的油驱除接管内的空气,用手指封住接管另一端的管口,把管口浸入盆或油桶的油面下,把加油阀转至“运转”位置。

(2)关小出液阀或吸气截止阀,使装置在低压压力略高于 0 N/cm^2 下运转。

(3)把加油阀转至“加油”位置,油泵即经加油阀和接管从油盆或桶内吸油,当曲轴箱的液位面上升至油位刻线时,立即把加油阀转至“运转”位置。

(4)开大出液阀或吸气截止阀,拆除加油接管。

(5)若滑油已变质或含污物过多,则应更换。

任务七
蒸发器的融霜操作

一、蒸发器结霜对制冷系统工作的影响

制冷装置中,蒸发器壁的温度一般都在 0 ℃以下,空气中的水汽会在其上结成霜层,由于霜层的导热系数不到管壁的 1%,故霜层的增厚大大增加了热阻,膨胀阀会因出口过热度降低而关小,蒸发压力和温度下降,导致制冷量减小。霜层结得越厚影响越大,所以蒸发器应定期融霜。

常用的方法有自然融霜、电热融霜、喷水融霜和热气融霜,除热气融霜外,融霜前应把系统中的制冷剂收回至储液器中,停止装置运行。

二、电热融霜

电热融霜是利用电加热器对冷却盘管加热,使霜层融化。它较热气融霜简单,操作也更为

方便,容易实现自动控制等优点,所以在伙食库制冷装置上被广泛采用。缺点是要增设电热设备,又要耗电。

图 7-7-1 所示为电热融霜工作原理图,融霜步骤如下:

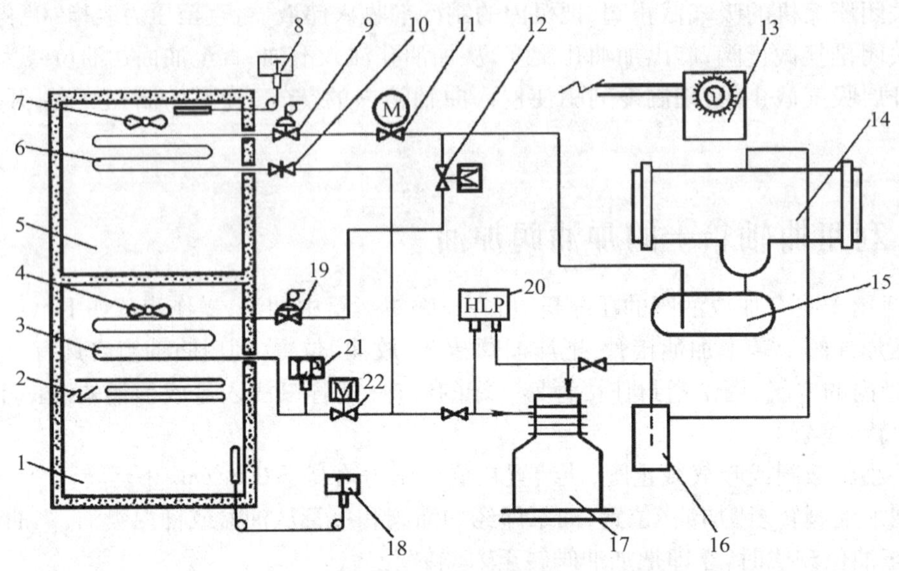

图 7-7-1　电热融霜示意图

1—低温冷库;2—融霜电热器;3—冷却器;4—风机;5—高温冷库;6—冷却器;7—风机;8—温度控制器;9—膨胀阀;10—恒压阀;11、12—电磁阀;13—融霜定时控制器;14—冷凝器;15—储液器;16—油水分离器;17—压缩机;18—温度控制器;19—膨胀阀;20—高低压继电器;21—回气压力控制器;22—电磁阀

(1)先关闭供液电磁阀 12 和冷却器 3 的回气电磁阀 22,停止向空气冷却器 6 供液。

(2)将空气冷却器抽空后,停压缩机 17,关闭回气管截止阀。

(3)停风机 4,如果是冷藏舱,没有单独的空气冷却器间,应关闭进、出风门。

(4)将融霜电热器 2 通电,融霜泄水聚集在空冷器下的集水盘泄出。电热器装在空气冷却器 6 前面,加热盘管插在管间,集水盘等处也要装适量电热器以防泄水冻结。霜融后停止电加热,稍后启动风机,开启供液电磁阀 12 和压缩机 17。

伙食冷库每天都要开库,外界空气经常侵入,结霜严重,其空冷器需要经常融霜。采用电热融霜时,通常由融霜定时器调定融霜起停时刻,一般每天一次。也有的为了按需要融霜,采用手动按钮融霜后,用定时器自动停止融霜。自动融霜时,停压缩机 17、风机 4 和开电热器 2 的动作可以比关供液电磁阀的动作滞后,以便抽空蒸发器。

三、顺流式和逆流式融霜

热气融霜的管路布置可分顺流式和逆流式两种。顺流式热气融霜系统原理如图 7-7-2 所示。

若 1 号蒸发器需要融霜,可让 2 号蒸发器制冷,其融霜步骤如下:

(1)停止融霜库制冷——先关供液阀 3,估计蒸发器中剩余制冷剂大部分抽空后,关回气

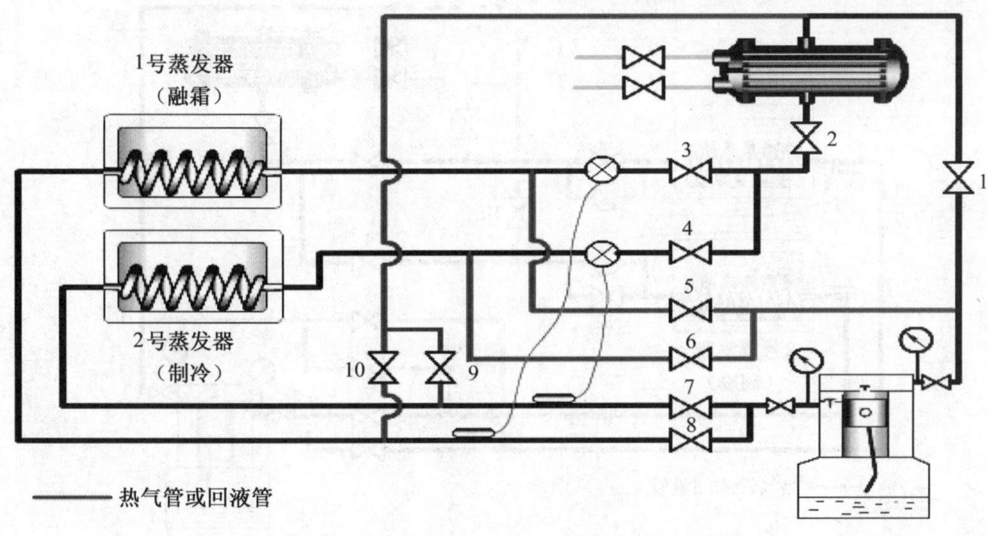

图 7-7-2 顺流式热气融霜系统原理图

1—冷凝器进口阀;2—冷凝器出口阀;3、4—供液阀;5、6—融霜热气阀;7、8—回气阀;9、10—融霜回液阀

阀 8;若蒸发器有风机应随后关闭。

(2)开始融霜——先开融霜热气阀 5,然后关冷凝器进口阀 1,让压缩机排气进入融霜蒸发器,在其中冷凝放热,开融霜回液阀 10,让在蒸发器中凝结的制冷剂回到冷凝器。

(3)停止融霜——当蒸发器霜层化完时,开冷凝器进口阀 1,再关热气阀 5 和融霜回液阀 10。

(4)恢复制冷——若蒸发器有风机则先启动,慢慢地开启回气阀 8;若压缩机进口结霜,则立即将阀 8 暂时关小,以防蒸发器中有残留的制冷剂液体被吸入压缩机造成“液击”;回气阀开足后无异常情况再开供液阀 3。

顺流式热气融霜的特点是:

①融霜热气管通到膨胀阀后,其流向与正常工作时制冷剂流向相同。因为膨胀阀一般都靠近蒸发器进口,故这种方式对蒸发器离冰机间较远的冷藏舱制冷装置来说,热气管太长,不宜采用。

②制冷剂融霜后凝结的液体不允许被吸回压缩机,因此必须设回液管。

当冷凝器位置较低时,融霜回液管可接到冷凝器进口,这样融霜蒸发器与冷凝器串联,融霜后期霜层不多时也不必担心排气压力过高,操作比较安全;但若冷凝器位置较高,为避免融霜时制冷剂凝液聚集在蒸发器内,回液管必须通至冷凝器出口管。这样,融霜蒸发器是与冷凝器并联的,融霜后期霜层不多则排气压力可能过高,应注意适当开启冷凝器进口阀分流。逆流式热气融霜系统的原理图如图 7-7-3 所示。

这种系统的特点是:

首先,融霜热气管接到蒸发器后吸气管上的吸气阀前,融霜热气在蒸发器中的流向与正常工作时制冷剂的流向相反。而吸气阀就在冰机间,因此膨胀阀离冰机间较远的冷藏舱制冷装置也适用。其融霜操作步骤和要领与顺流式相同,差别仅在于融霜期间要开启膨胀阀的旁通阀(有的冷藏舱为简化操作,采用单向阀)让制冷剂流过。

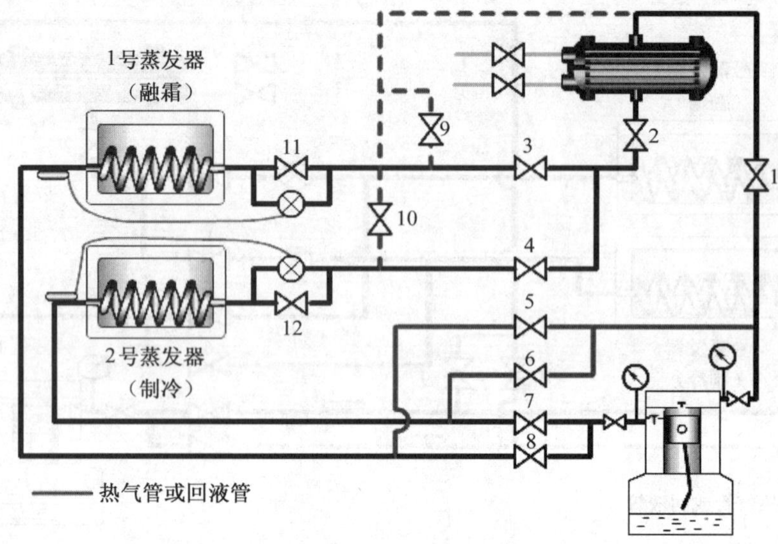

图 7-7-3 逆流式热气融霜系统原理图

1—冷凝器进口阀；2—冷凝器出口阀；3、4—供液阀；5、6—融霜热气阀；7、8—回气阀；
9、10—融霜回液阀；11、12—热力膨胀阀旁通阀

其次，可以不设融霜回液管，让热气融霜的制冷剂凝液逆向流过该库供液阀，向工作库供液。但这样融霜蒸发器和冷凝器即成并联，融霜后期融霜蒸发器的结霜大部分已融化，压缩机的排气会因冷却不好而排压过高；这时必须适当开启冷凝器进、出口阀帮助冷凝。所以当冷凝器是低位时，有的逆流式热气融霜系统也加设回液管，通至冷凝器进口（见图 7-7-3 中虚线所示）与之串联，以求融霜后期操作简便安全。

热气融霜的速度在很大程度上取决于工作库制冷剂蒸发量的大小，故融霜宜在其他工作库热负荷较大时进行。有的也采取启用空库、开启高温库库门等办法增加工作库热负荷。

任务八
不凝性气体的危害及排除方法

一、不凝性气体进入制冷系统的途径

在制冷系统中，冷凝压力与冷凝温度下的不凝性气体，包括空气、制冷剂和润滑油的分解物等。系统中的不凝性气体一般是操作不当时外界进入的空气，这些不当操作包括充注制冷剂和加滑油等操作不当、系统负压运行或抽空不严格等。

二、不凝性气体进入制冷系统后引起的危害

不凝性气体的存在会妨碍传热，使排气的压力和温度升高，增加压缩机功耗，降低制冷量，缩短滑油使用寿命，故须设法排除。

三、不凝性气体在系统中的判断

如果冷却水已开足，排气压力所对应的制冷剂饱和温度与冷却水进口温度之差仍显著高于设计温差（5~9 ℃）时，表明排气压力偏高，这可能是冷凝器中空气过多，也可能是其他原因使冷凝器冷却能力不足，前者可用以下方法判断：

（1）关闭冷凝器出口阀（如有贮液器应关闭其出液阀和平衡管阀），将系统中制冷剂抽至冷凝器中，直至低压停车。

（2）开足冷却水使冷凝器中制冷剂气体充分冷凝，直至冷凝器压力不再下降。

（3）如无空气存在，冷凝器内压力所对应的制冷剂饱和温度应与制冷剂实际温度一致，后者基本接近冷却水温（此时进出水温相同），但环境温度较高时也可能比冷却水温稍高。经验表明，此时冷凝器内压力所对应的制冷剂饱和温度如高出冷却水温 2~3 ℃，则冷凝器一定该排放空气了。顺便指出，为使温度计反应比较灵敏准确，应在插座内灌满冷冻机油，减小热阻。

如果冷凝器位置比压缩机高，可通过冷凝器的放气阀放气；若冷凝器位置比压缩机低，则可从排出阀多用接头（或排出压力表接头）放气。

四、不凝性气体的排放步骤

（1）关闭储液器的出液阀。

（2）启动压缩机，把系统中的制冷剂连同不凝性气体一起排入冷凝器中，然后关停压缩机。

（3）继续向冷凝器供给循环冷却水，以使制冷剂充分凝结，直至冷凝器中压力不再下降为止（需 1~2 h）。这时不凝性气体则聚集在冷凝器上部。

（4）打开冷凝器顶部的放空气阀，让气体流出几秒钟即关，停一会重复这一操作。空气比制冷剂轻，静置后会聚集在容器顶部，分次操作会减轻扰动，减少制冷剂损失。每次放空气后注意观察排出压力表参数，放至冷凝压器中的压力接近水温所对应的制冷剂饱和压力时，应结束放空气的操作。如果压力降得太低，随后渐渐回升，则表明放掉的是制冷剂。

应该注意，在压缩机工作时不可以放空气，因为这样会把大量的制冷剂放出。而且最好是在压缩机停机一段时间后，再打开放空气阀，否则会大量消耗制冷剂。

任务九
热力膨胀阀的检查与调节

一、热力膨胀阀的结构及工作原理

热力膨胀阀是以蒸发器出口处制冷剂蒸气过热度的变化,自动地改变阀芯节流孔的开度,从而调节制冷剂流量的自动化元件。

热力膨胀阀由阀体、针阀、调节杆座、调节杆、弹簧、滤器、传动杆、感温包、毛细管和感应薄膜等组成,其结构如图 7-9-1 所示。

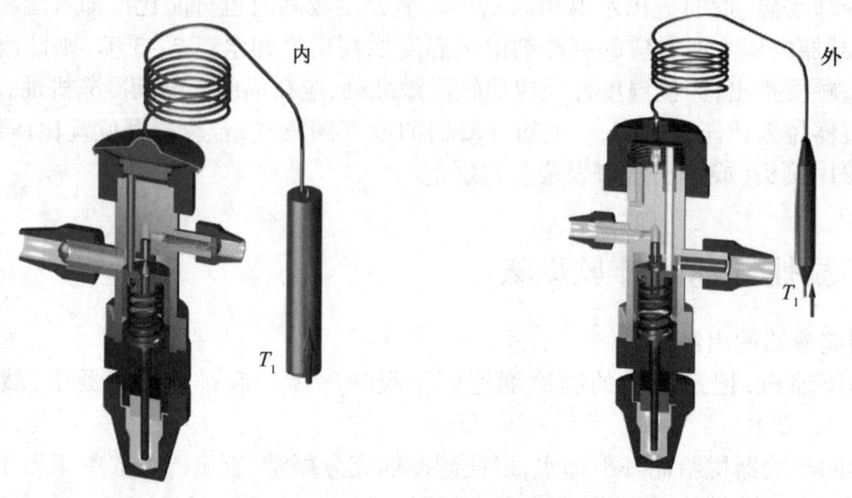

图 7-9-1　热力膨胀阀结构示意图

感温包、毛细管和感应薄膜相互连通,构成一个闭式容器,称为感温机构。感温包安装在蒸发器出口,感温片由 0.1~0.2 mm 金片冲压而成,断面成波浪形。用于氟利昂系统的膨胀阀,阀体部分除了阀芯采用不锈钢及弹簧采用弹簧钢以外,其他几乎均由黄铜制成。热力膨胀阀按压力平衡关系可分为内平衡式和外平衡式两种,其具体作用为:

(1)使高压常温的制冷剂液体节流降压,变为低温低压制冷剂湿蒸气。

(2)感温包感受蒸发器出口制冷剂蒸气过热度的变化,自动调节膨胀阀的开启度以调节流量,使制冷剂流量与蒸发器的热负荷相匹配。

(3)使蒸发器出口的制冷剂气体保持一定的过热度,保证蒸发器传热面积得以充分利用,又可以防止压缩机出现液击现象。

热力膨胀阀结构示意图如图 7-9-2 所示。

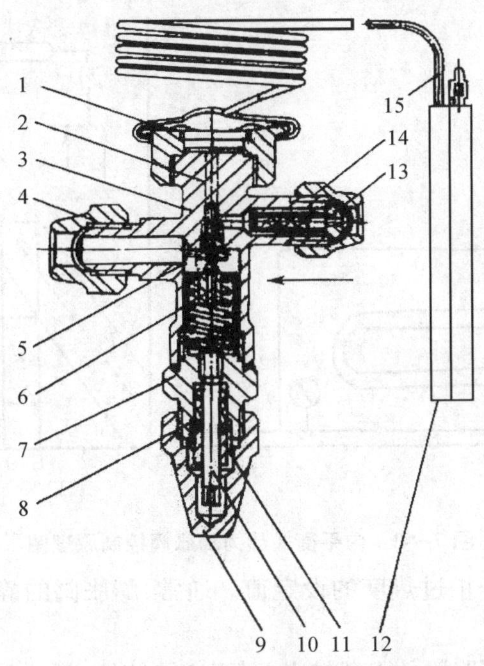

图 7-9-2　热力膨胀阀结构示意图

1—膜片;2—顶杆;3—阀体;4—螺母;5—阀座;6—针阀;7—调节杆座;8—填料;9—帽罩;10—调节杆;11 —填料压盖;12—感温包; 13—过滤器;14—螺母;15—传压管

感温部分由膜片 1 的上腔室、传压管 15 和感温包 12 组成阀出口的蒸发压力通过顶杆 2 与阀体 3 之间的间隙作用于膜片下方。作用于膜片感温部分的信号压力与蒸发压力的压差，经前后两顶杆作用于针阀 6 上,靠压差产生的作用力与调节弹簧力的平衡关系控制针阀的开度。左侧的进液管内装有过滤器 13,以滤挡污物,防止堵塞阀的通道。转动调节杆 10 可以改变调节弹簧的预紧力,即调节关闭过热度。填料 8 靠压盖 11 压紧,以防止制冷剂调节杆与杆座 7 之间的间隙泄漏。

图 7-9-3 所示的膨胀阀是以节流后的制冷剂压力 p_z,再加上弹簧的当量压力 p_2,作为与感温包内压力 p_1 相对应的平衡力。由于这种平衡力来自阀体内部,故称为内平衡热力膨胀阀。膜片上下受力的平衡条件为 $p_1 = p_z + p_2$,当热负荷增加时,蒸发压力 p_z 和与过热度相应的感温包内压力 p_1 都会发生变化,但 p_1 的变化更为显著。此时 $p_1 > p_z + p_2$，推动阀杆向开大的方向移动,增加向蒸发器的供液量。相反,热负荷减少,阀口关小,减少向蒸发器的供液量。

然而制冷剂在从膨胀阀出口到蒸发器出口的流动阻力是无法避免的,必然存在压力降 Δp_z。膜片上下受力的平衡条件就变为:

$$p_1 = p_z + p_2 + \Delta p_z$$

亦即关阀力加了 Δp_z,此时,膨胀阀控制的过热度将大于由弹簧的当量压力 p_2 设定的过热度。过热度的提高造成蒸发器供液量不足,换热面积的利用率降低,制冷能力下降。由此引发蒸发温度降低,制冷压缩机的运行经济性变差。由此可见,内平衡式热力膨胀阀只适用于蒸发温度不太低、容量不大和制冷剂流动阻力不大的盘管式蒸发器。

我国规定过热度变化量为 4 ℃时的阀的开度为额定开度。当蒸发温度一定时,调整弹簧

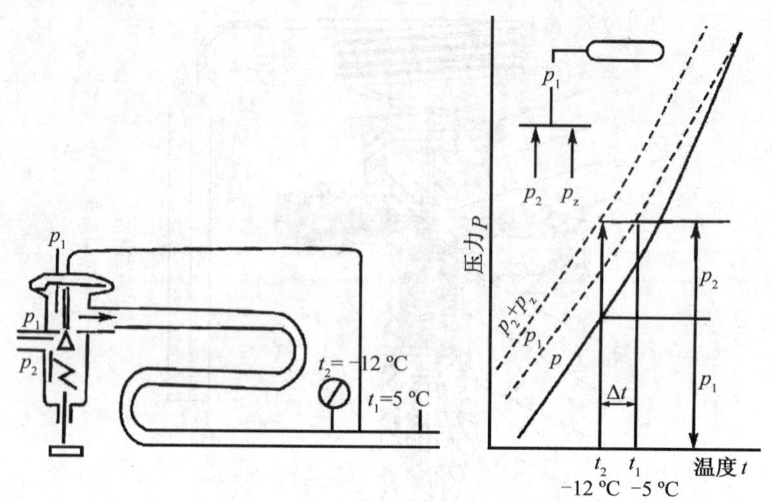

图 7-9-3 内平衡式热力膨胀阀控制原理图

预紧力可改变热力膨胀阀静止过热度的设定值。通常，膨胀阀的静止过热度调整范围为 2~8 ℃。

为了克服内平衡热力膨胀阀的上述缺点，对于通路较长、蒸发温度上下波动较大的蒸发器一般采用如图 7-9-4 所示的外平衡式热力膨胀阀。

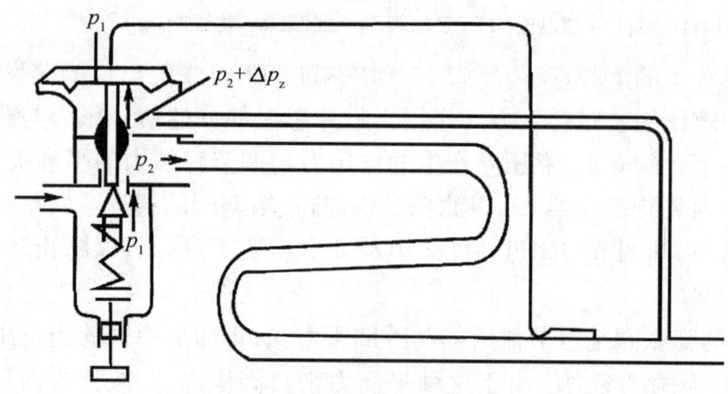

图 7-9-4 外平衡式热力膨胀阀控制原理图

外平衡式热力膨胀阀，在膜片下方分隔出一个平衡压力腔，隔断了与节流后的制冷剂的联系。用外平衡引管把蒸发器出口的制冷剂蒸气压力引入平衡压力腔，作用于膜片下方，保证膜片受力仍按 $p_1=p_z+p_2$ 的平衡关系调节膨胀阀开启度。由于平衡力是从阀外引入的，所以称作外平衡式热力膨胀阀。

外平衡式热力膨胀阀适用于制冷剂流动阻力大、蒸发温度低，或者采用液体分配器多路供液的场合。

二、热力膨胀阀的选用、安装及调试

1. 热力膨胀阀的选用

热力膨胀阀的选用,主要考虑制冷剂的种类、蒸发温度的范围、蒸发器的热负荷和流阻的大小等。但还应该注意以下事项:

(1)同工况下的阀的容量要大于压缩机的制冷量。

(2)阀的容量应比蒸发器的热负荷大20%~30%,且应避免在低于阀的公称容量50%的工况下长期工作。若阀的容量和通径选得过小,则装置的制冷能力不能充分发挥;若选得过大,则会造成调试困难,而且还会因开度过小而导致工作不稳定。

(3)由于阀的公称容量与制冷剂的流量有关,而制冷剂的流量主要取决于阀的通径和阀前后的压差。故同一型号的热力膨胀阀,标准工况与空调工况的公称容量是不同的,而且前者总是大于后者。

2. 热力膨胀阀的检查和安装

(1)阀的安装位置应尽可能靠近蒸发器,且应垂直安装,其所处的环境温度应高于蒸发器出口制冷剂的温度,以减少冷量损失和防止感温传压机构因部分充剂凝结而失灵。

(2)温包应紧贴于蒸发器出口水平管外壁的上方或上侧,管径大于21 mm者,温包可置于离下方最低点左右约45°角处,传压管应避免贴靠在冷管路上。

(3)温包与蒸发器出口管接触部分应彻底清除污物、油漆和铁锈,并涂以铝银粉,温包与出口管段应用夹箍钢丝捆紧,然后一同包覆隔热材料,以尽量减少传热的热阻和减少外界温度的影响。

三、膨胀阀的调试

调试目的是使关闭过热度适宜,关闭过热度太大,则蒸发器中制冷剂的过热度会前移而变长,不但使传热系数减少,而且传热的平均温差也减少,制冷量降低。若关闭过热度太小,则压缩机刚停机时,由于温包的体积相对于蒸发器来说很小,温度受空气的影响升高很快,针阀反而在短时间内不适当地开大,使大量液体制冷剂涌入蒸发器;而当压缩机启动时,由于压缩机的抽吸,蒸发器的压力会在短时间内突降,会造成针阀不适当地开大,使过量的液体制冷剂涌入蒸发器,从而可能导致压缩机启动时发生液击。

从热力膨胀阀的工作原理可知,退出调节杆,则调节弹簧的预紧力和关闭过热度减小,相同过热度下,针阀开大,工作过热度降低;反之,关闭过热度和工作过热度均升高,针阀关小。

四、调节热力膨胀阀应注意下述事项

(1)应在装置运行正常且工况稳定时进行。

(2)调试可分为两步进行。开始为粗调,每次调节,可转动调节杆一圈左右,但阀的开度不宜调得过低,以防止压缩机发生液击。当装置接近运行工况时,要进行细调,每次调节调节杆转动1/4至1/2圈为宜。不管是粗调还是细调,每调一次后,应让装置运行数分钟或者十几分钟,待工况稳定后,再根据吸气压力及结霜或凝露情况,确定是否需要再次调整。

(3)阀的开度应调大还是调小的判断:蒸发温度高于零度时,若蒸发器外表面均匀凝露,压缩机的吸气管也有凝露,但无冰冷或粘手感,则表明阀的开度合适;若蒸发器后半部或靠近出口管无凝露,则表明阀的开度过小;若凝露延续至压缩机上,则表明阀的开度过大。蒸发温度低于零度时,阀开度大小的判断与蒸发温度高于零度时类似,只是以白露代替凝露,但当阀的开度合适时,压缩机的吸气管应有冰冷感而不结霜(装有回热管者),或有粘手感且均匀结一层薄霜(未装回热管者)。

五、热力膨胀阀常见的故障分析

热力膨胀阀的常见故障及处理有:

(1)阀芯起毛,不能正确和灵敏地调节制冷剂流量,可将阀芯用细布加滑油研磨消除。

(2)顶杆弯曲或几根长短不一,阀芯动作失灵。可拆下顶杆用小木槌在平台上校直或敲击长度短的顶杆,使各杆长度一致。

(3)若温包、传压管或膜片破裂使其内充剂泄漏,阀无法开启,必须更换。

(4)发生“冰塞”或者脏堵,均会造成制冷剂流量减小至中断制冷剂的供给,从而使制冷装置制冷量减小甚至停止制冷。冰塞是指随制冷剂循环的水分节流降压、降温,结冰阻塞阀通道的现象,而脏堵则是阀进口处的滤网因积聚污物过多堵塞阀孔的现象。

任务十
温度继电器的使用及调节

一、温度控制器的作用及结构

温度控制器用以控制库温、箱温或室温。其控制方式有两种:一是直接控制压缩机启动和停机,兼控制电磁阀启闭;二是只控制电磁阀,压缩机启、停借助于压力继电器。RT 型(DANFOSS)温度控制器如图 7-10-1 所示,主要由感温包 7、波纹管组件 5、调节弹簧 1、顶杆 2、调节旋钮 8、幅差调节螺母 3 和 3 个电触点等组成。

二、温度控制器的工作原理

温度控制器通过感温包将温度信号转变为压力信号作用于波纹管,再将动作传给执行机构。RT 型波纹管内的压力直接作用于主弹簧,它通过幅差螺母及固定盘拨动电触点,以接通或切断电路。假设触点 2、3 为控制回路,在温度低于给定温度最低值时,控制回路被切断。当温度回升之后,感温包 7 内压力增加,波纹管被压缩,并通过顶杆压缩调节弹簧 1。此时,固定

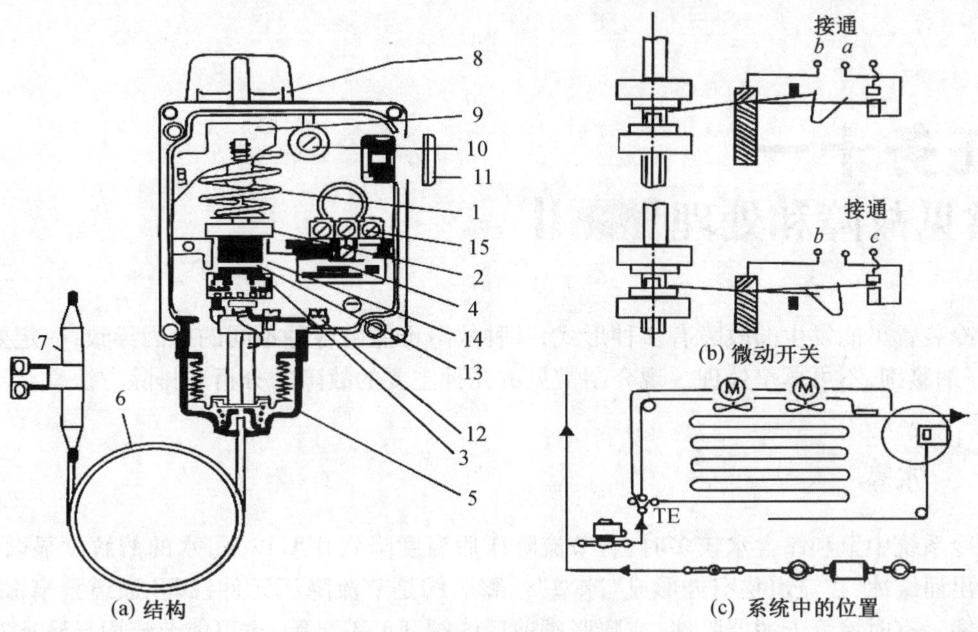

(a) 结构

(b) 微动开关

(c) 系统中的位置

图 7-10-1　RT 型温度控制器

1—调节弹簧；2—顶杆；3—幅差调节螺母；4—微动开关；5—波纹管组件；6—毛细管；7—感温包；8—调节旋钮；9—主标尺；10—接线柱；11—控制线引入；12—地线接线柱；13—微动开关拨臂；14—固定圆盘；15—接线柱

圆盘 14 和幅差调节螺母 3 产生向上位移，当此位移超过给定间隙（即给定最高温度）时，幅差螺母即拨动微动开关拨臂 13，使触点 2、3 闭合，控制回路被接通。如果控制器是与供液电磁间配合使用，则供液电磁阀开启，蒸发器得到正常供液。当所控制的温度下降到控制温度给定值下限时，则固定圆盘向下拨动开关，使触点 2、3 断开，供液电磁间关闭。显然通过调节旋钮 8 改变调节弹簧 1 的弹力，便可改变温度控制器的断升值。主弹簧弹力越大，触点 2、3 断升温度值越高；反之，触点 2、3 断升温度值越低。幅差调节螺母 3 可以改变它与固定圆盘之间间隙的大小，间隙越大，相应触点的闭合温度与断升温度的差值就越大，故幅差调节螺母能控制温度的最高值。

三、温度继电器的调试

温度控制器的输入端是热电阻或热电偶接点，检测元件热电阻接在该点上，输出端是两个小型继电器，控制加热设备，然后设置温度的上限和下限。运行后，当温控器检测到温度达到上限时，继电器断开，停止加热设备加热。当温度回到下限时，继电器接通，控制加热设备继续加热，起到自动控制温度的作用。

任务十一
常见故障和处理

制冷装置可能发生的故障有多种形式,某种故障可能由各种不同的原因导致,一定要全面掌握,仔细鉴别,不可草率处理。现介绍常见的几种主要的故障的分析和排除方法。

一、冰塞

制冷系统中氟利昂含水较多时,若节流降压后温度降到 0 ℃以下,水的溶解度显著降低,即会析出而结冰,在流道狭窄处形成"冰塞"。膨胀阀是节流降压元件,阀孔通道狭窄,最容易发生冰塞。有时液管上滤器脏堵,或膨胀阀前后的阀开度不足等,也可能节流而导致冰塞。

当冰塞尚未完全堵死通道时,蒸发器的制冷剂流量减少,出口过热度增加,压缩机吸入压力下降,直至低压控制器使压缩机停车;停车后冰塞处的冰部分融化,压缩机吸入压力回升而重新启动;压缩机反复启、停,冰塞会继续加重,停车时间会加长,再次启动的时间将更短,完全不能正常工作。

用下述方法可判断冰塞的部位:关膨胀阀前的截止阀;清除该阀后可能冰塞的管道和阀件外面的霜层;突然开启上述截止阀,冰塞处流道狭窄产生节流降压,其后面管道必然结霜。冰塞以预防为主,应及时更换失效的干燥剂;拆修元件和日常操作时要防止湿气和水分进入系统;在充制冷剂和拆修有关元件后,要用干燥器吸收可能进入系统的水分。

消除冰塞的办法有:

(1)拆下冰塞元件(膨胀阀、滤器等)并用纯酒精清洗,再用压缩空气吹干后装复。

(2)热水化冰。换新干燥剂后,在不便拆卸的冰塞处外敷毛巾,浇热水使冰融化,然后启动压缩机,让水分随着制冷剂流动并被干燥剂吸收。采用这种方法往往需要耐心地反复化冰。

(3)用"解冻剂"除冰塞。用类似充制冷剂的方法向系统中充入一定数量"解冻剂",使其随制冷剂在系统中循环,它能溶解冰,并和水一起被干燥剂吸收。"解冻剂"不允许含甲醇之类对金属有害的物质。

(4)用干燥气体吹除水分。系统大量进水时上述方法都不适用,这时只能将系统中的制冷剂收入钢瓶以备送岸处理。然后用表压 0.6~0.8 MPa 的氮气或二氧化碳气吹扫系统,最后用抽空除水法使系统干燥。千万不能用压缩空气瓶中的空气直接吹扫温度较低的冷库管路,因为气瓶中的压缩空气含水较多,遇冷会凝露。

膨胀阀和液管上的滤器有时会发生脏堵,其症状与冰塞相似,也会引起制冷剂流量不足、吸入压力降低、吸气过热度增加和压缩机启、停频繁等现象。但如果"脏堵"的症状比较稳定,停机较长时间情况毫无改善,用毛巾热敷也不能解决问题,应拆下清洗。若采用的滑油凝点太高还可能发生油堵,其现象与冰塞类似,可用加热堵塞处的方法暂时解除,彻底解决的办法是应换成凝点合适的冷冻机油。

二、制冷剂充注过多或过少

任何一个制冷系统都是为排出特定的热负荷而设计的。例如,根据冷却或冻结对象热负荷,围护结构渗入热、操作热等算得库房冷却设备热负荷和机器热负荷。因此,系统各部件是在能力匹配的状态下运行,才能确保整个制冷系统在规定的工况条件下动态平衡。然而,即使设计和安装正确的制冷系统,还必须有充注量合适的制冷剂。众所周知,制冷剂以其周而复始的状态变化,起着将热量从低温介质传递到高温介质的传媒作用。在规定的工况条件下,每千克制冷剂沸腾吸热量是一定的,因此对排除特定热负荷而需要的制冷剂循环量也是一定的。充注量过少就意味着过热蒸气量大,相当于蒸发器面积未充分利用或蒸发器偏小,系统不匹配,降温困难,无法正常工作。反之,如果充注量过多,则有可能导致冷凝器一部分冷却管道积液,相当于减少冷凝面积,使冷凝压力升高、压缩比增大,压缩机制冷量下降。如果过多液体进入蒸发器,也会使吸入压力偏高,系统降温困难,无法正常工作。故系统中的制冷剂充注过多或过少均会给系统带来无法正常工作的不良影响。

在系统中的制冷剂严重不足时,经膨胀阀的制冷剂液体流量不足,会出现以下异常现象:蒸发温度低于 0 ℃的冷库,其蒸发器后部结霜融化,压缩机吸气过热度增加,吸气压力和排出压力都降低,制冷量减小,长时间运转库温仍降不下来,或者库温未到下限,压缩机吸气压力很低而停车。制冷剂流量不足还会使进入蒸发器内的润滑油难以返回曲轴箱,造成油位偏低。

由于膨胀阀开度不足,堵塞或冷凝压力低等原因也会造成前述现象,应借助以下方法确定系统中制冷剂是否不足:

(1)由储液器的液位镜观察液位,一般液位不足 1/3 应该补充制冷剂。

(2)如液管上装有液位指示镜,制冷剂不足时可见到液流中夹有大量气泡。

(3)膨胀阀流过的制冷剂夹带较多气体时,会发出较明显的“咝咝”声。

(4)稍开膨胀阀的旁通阀,如系膨胀阀开度不足或堵塞,则吸气压力明显增加,吸气过热度降低,如系制冷剂不足,则效果不明显。

三、制冷机不能启动或启动后很快停车

制冷机启动不起来,其原因不外乎两个方面,即电机故障和制冷机机械故障,先分述如下:

(1)首先检查主电路,电源是否有电,保险丝是否被烧,开关触头接触是否良好,是否缺相运行。当三相电源被烧坏一相后,电机也能转动,但声音反常,转速也会减慢,发现这种情况应立即停车,否则容易烧坏电机。

(2)若电源电压太低,启动后电动机声音也会不正常。电压应不低于额定电压的 90%,否则电机的额定功率明显下降,无法拖动压缩机。当输入线路允许的电流较小,不能满足电机需要时,电机同样拖不动压缩机。

(3)应检查压差继电器。因压差继电器和高低压继电器都是制冷剂安全运行所采取的继电保护,当制冷机油压不正常时,均可以使制冷机停止运转。检查压力继电器的触头是否断开,并检查是否因高压调定值太小,或低压调定值过大而造成继电器断开。另外,系统中有阀

门没有打开，也会引起压力继电器断开。检查压差继电器触头是否断开，若油压建立不起来，会使触头断开。启动时没按复位按钮，该触头处于自锁状态下，继电器工作一次后，需要隔5 min才能复位。若在5 min内，则会因加热元件仍使触头处于断开状态，致使无法启动。

(4)当温度继电器感温包内工质泄漏，或调节有误，这时触头是常开的，不能启动。如判断工质泄漏，可旋转继电器调节针到低温标度区，触头是否闭合，如不闭合，拆下温度继电器，把感温包浸入温水中，再看触头是否动作，若还不通，证明是包内工质泄漏，需要修理。

(5)在连杆大头轴瓦，曲柄前后轴承发生抱轴时，制冷机是不能启动的。另外，因排气温度过高使油焦化，当停车冷却后，焦化的冷冻油将气缸与活塞粘住，迫使制冷机不能运转。总之，启动前先盘车，如果证明无机械性阻碍后，制冷机仍不能启动，纯属电气问题。

四、压缩机在运行中突然停车或启、停频繁

(1)排气压力在运行时超高于允许值，压力继电器自动切断电源，压缩机就实行保护性停车。引起高压升高的主要原因有：

①装置中有空气。

②冷却水量不足，水量调节阀失灵。

③冷凝器有水垢。

④制冷剂太多。

⑤排气管道不畅通或油分离器进口滤网堵塞。

(2)另外由于以下一些原因，造成蒸发压力过低，引起停车：

①节流阀或膨胀阀开启过小，制冷剂流量不足，蒸发器大部分空间用于制冷剂蒸气过热，由于制冷剂气体传热性能小于液体制冷剂，所以制冷量下降，蒸发压力也下降。

②蒸发面积过小，或制冷量不相适应。这种现象不论怎么调节，蒸发压力也不能升高，即使是暂时升高，也会很快自动下降。这里需要强调指出，若确因蒸发面积小，决不能用调节蒸发压力的办法去适应制冷能力的需要，而只能用增加面积或降低制冷能力的办法来解决，否则制冷剂必然产生液击。

③搅拌机转速不够或规格不符，使载冷剂流速得不到保证，从而造成蒸发器表面结冰，增加了热阻，影响了传热及蒸发速度，使蒸发压力逐渐降低，直接蒸发表面结霜与包冰不同，也会降低蒸发压力。

④在氟利昂制冷系统中，影响蒸发压力低的因素还有干燥过滤器堵塞、电磁阀不工作、膨胀阀冰塞等。

(3)油压太低，供油压力低于调定值导致油压继电器动作，切断电源停车，引起的油压(油泵出口压力与吸气的差值)过低，一般是曲轴箱润滑油量极少；或是吸油管不畅或过滤器堵塞；或是曲轴箱内的润滑油中溶解过多的氟利昂制冷剂(尤其是在吸氯压力降低时)，从而减少了油泵的供量，油压就降低。

(4)电动机超载，造成热继电器动作，或保险丝熔断，切断电源而停车。

五、冷量不足——库温降不下来

制冷装置运行中,常常碰到库内温度有所下降,但下降的速度很慢,或者降不到所要求库温,造成这一故障的原因如下:

(1)冷库的密封性或隔热性能差——冷损耗大。

(2)霜层太厚。

(3)膨胀阀流量过大或过小。

(4)膨胀阀及其他部件的堵塞。膨胀阀的堵塞主要有以下三种形式:

①冰塞:一旦制冷剂中含有水分,当制冷剂流经膨胀阀时,因节流温度突然降下来,水被析出并结成冰粒,部分或全部堵塞阀孔。出现冰塞后,制冷剂流量减少,吸气压力下降,排气压力也下降,制冷量就下降。

②油堵:这种现象一般是由于选用了凝固点太高的润滑油引起的。当制冷剂流过膨胀阀,因节流降温,使部分油分离出来,并凝成糊状,粘在阀孔造成堵塞。这种故障多数发生在60 ℃以下的低温装置上。

③脏堵:系统中脏物在膨胀阀进出口滤网上造成堵塞,该处被堵后,会使阀入口马上结霜,排除方法是拆下膨胀阀清洗。除了膨胀阀堵塞外,在干燥器、过滤器、连接管道等处也会产生堵塞。一旦被堵塞,同样造成库温降不下来的后果。若用手摸被堵处前后,则会发现有明显温差,发现堵塞后,应及时排除。

六、压缩机的效率差

所谓压缩机的效率差,就是指在工况不变的情况下,输气系数降低,其实际排量显著下降,使制冷机的制冷量相应减少,产生冷量不足的现象。

对于一台经过长期运行的压缩机,其排量下降的原因多数是由于运动部件已有相当程度的磨损,配合间隙增大,或者是气阀密封性能下降,引起漏气量增加的缘故。

七、压缩机频繁地启动和停机

这种故障多为温度继电器或高低压继电器触头时闭时断所造成的。

1. 温度继电器的触头频繁地闭合和断开

这是由于温度继电器的闭合温度与断开温度的温差过小,停机后不久库内温度很快就回升至温度继电器闭合的温度使压缩机重新启动。于是库温开始下降并很快到达温度继电器断开的温度,压缩机又停机。如此反复,就出现了压缩机频繁地启停的现象,只要转动温度继电器的幅差值,故障即可消除。

2. 低压压力继电器的触头频繁地闭合和断开

发生这种故障的原因有:

(1)低压压力继电器的触头闭合与断开的压差太小。在电动机的启、停由低压继电器控制和温度继电器只用于控制电磁阀启闭的装置中,库温达下限而使压缩机停机后,由于管路阻力和温度的影响,低压压力很快地回升至低压继电器触头关闭的压力而使压缩机重新启动。但由于此时库温并未上升至上限值,温度继电器的触头仍然处于断开状态,电磁阀不会开启,低压压力很快急降至低压继电器触头的断开压力,又使压缩机停机。如此反复,就出现压缩机频繁地启、停,只要调大低压压力继电器的幅差值,故障即可消除。

(2)高低压间有泄漏。若装置中的电动机的启、停由低压压力继电器控制,则同样会出现类似低压压力继电器的幅差值太小的情况,只是压缩机启动时的压力较高而已。

(3)膨胀阀发生“冰塞”或“脏堵”、制冷剂或装置的热负荷太小,出现这些故障,必然使供入蒸发器的制冷剂量减少。若压缩机无自动能量调节装置,供入制冷剂量的下降幅度使压缩机很快把蒸发器内的制冷剂抽空,压缩机就会因低压压力过低,低压压力继电器的触头断开而停机。但此时库温并未降至下限,电磁阀仍处于开启状态,于是,低压压力很快又回升,低压继电器的触头重新闭合,压缩机又启动。如此反复,就出现压缩机频繁地启、停。

3. 高压压力继电器的触头频繁地闭合和断开

发生这种故障的原因有:

(1)高压压力继电器触头断开的压力过低。若高压继电器触头的断开压力在压缩机的正常吸气压力范围内,则压缩机会在装置运行和冷库降温过程中而停机,停机后不久因高压压力下降,高压继电器的触头重新闭合,压缩机又启动。如此反复,压缩机就频繁地启、停,只要按规定调高高压继电器的断开压力,即可消除此故障。

(2)压缩机的排气压力过高,系统中积存较多的空气。冷却水量不足或断冷却水、冷凝器换热面脏污或充入制冷剂量过多等,均会造成压缩机的排气压力过高而使高压继电器的触头断开,压缩机停机。停机后不久,高压压力下降,因高压继电器触头重新闭合,压缩机又启动,如此反复,就导致压缩机频繁地启、停,只要查明并消除排气压力过高的因素,故障即可消除。

八、“液击”或“敲缸”

压缩机吸入湿蒸气就会引起“湿行程”,如果未及时消除而任其发展就会造成液击。因为液击的不可压缩性,过多的液体在无法从排气阀片气隙排出的情况下,只能克服安全弹簧力顶开吸、排气阀组件,即安全假盖及时排泄。由于泄压、吸排气阀组件在安全弹簧张力作用下复位并敲击缸套上沿,使排泄受阻,再次顶开假盖泄液,紧接着又复位敲击,如此产生周期性金属撞击响声,就称作“液击”或“敲缸”。

“液击”可以是制冷剂液体被吸入引起,也可以是曲轴箱严重奔油引起,液击必然引起敲缸,但敲缸并非均由液击引起。如发生压缩机因奔油引起的运动机构“咬死”,连杆螺栓断裂或气缸套破碎等机械故障而电机未及时停转,均会造成活塞破裂、连杆拉断甚至曲轴断裂的严重恶性敲击或破裂事故。

平时应严格按操作规程加强岗位培训,提高人员素质,定期维修保养,及时更换易损件,补充更换润滑油。做到以防为主,防治结合,一旦发生事故,应针对故障原因,动用备件及时更换受损零件,紧急抢修,排除故障。检修后要试车半小时,确认无疑,办理好交接手续后方可交付使用。

九、压缩机排气温度过高

(1)由于冷凝温度升高,相应的冷凝压力升高,引起排气温度升高,应控制和调整冷凝温度。

(2)系统中有较多的空气,使冷凝器中压力升高,则排气压力升高,排气温度升高,应按放空气操作排除系统中的空气。

(3)由于蒸发温度降低,相应的蒸发压力降低,使压缩比增大,引起排气温度升高,应调整蒸发温度在规定范围内。

(4)吸气过热度太大。这是由于节流阀开度小,供液管道阻塞,吸气管路过热或隔热不好等引起的,这时应调整节流阀开启度或增强吸气管路的隔热。

(5)气缸冷却水套水量不足,水温太高或断水,应降低冷却水温和增大冷却水量。

(6)排气阀片泄漏或损坏,活塞环密封性失效或气缸拉毛。这时排气温度升高,气缸上部发烫,电流表读数增大,电动机发出重负荷的异声,但排气压力变化不大,应停机打开缸套检查排气阀片,如有坏损,应及时修理或更换阀片。

(7)气缸纸垫打穿或安全阀过早开启,使高低压旁通,应更换纸垫或调节安全阀的开启压力。

十、冷凝压力过高的原因

(1)冷凝器内供水量不足,进、出水温差过大,应设法增大供水量。

(2)冷凝器各部分水的分布不均匀,应合理分配冷却水,使其分布均匀。

(3)循环水温过高。应采用较低温度的冷却水,选用高效率的冷却水塔以及搭盖遮阳棚,避免日光暴晒。

(4)冷凝器传热面污垢,及时放油和清洗水垢。

(5)系统内有空气,排除制冷系统及冷却水系统中的空气。系统中的空气,应通过冷凝器上的放空气阀排除。

(6)冷凝器中的积液过多,使有效冷却面积减少,应开足冷凝器上的出液阀门或采取其他措施,排除冷凝器中积存的制冷剂液体。对于小型氟利昂制冷装置,冷凝器兼作储液器时,如出液阀全开而液位仍然过高,则说明系统充注的制冷剂量过多,应抽除多余的制冷剂。

十一、蒸发压力过低的原因

(1)供液量不足。如节流阀开启过低或阀孔阻塞,供液管堵塞,浮球阀失灵,氟泵循环不够,重力供液中气液分离器高度不够,以及制冷系统中制冷剂量不足等,都会使供液量不足。应适当调整系统供液量,检修有关机构或添加制冷剂。

(2)压缩机能量过大,或者蒸发器负荷过小。应合理调整,使其匹配良好。

(3)蒸发器内积液或表面积霜。应及时放油和除霜。

(4)在氟利昂制冷系统中,干燥过滤器堵塞,电磁阀工作,膨胀阀冰塞。应根据具体情况检修和调整。

十二、吸气压力过低的原因

(1)系统供液管/膨胀阀或吸气过滤器有脏堵之处,或开启度过小,会造成吸气压力低。

(2)制冷剂充注量或供液量不足或节流阀调节不当使吸气压力低。

(3)蒸发器管路过长或多台并联吸入总管设计不当导致吸气压力低。

(4)易溶解油的氟利昂系统含油量过多会使吸气压力下降。

(5)蒸发器结霜较厚或内壁积油,使热阻增大,吸气压力下降。

十三、吸气压力过高的原因

(1)排气阀或安全假盖不密封,有渗漏,则使吸气量受阻,吸气压力上升。

(2)膨胀阀调节不当或感温包未贴紧,吸气管或节流阀开启过大,浮球阀失灵,或水泵系统循环量过大,使供液量过大,吸入压力过高。

(3)压缩机输气效率降低,输气量下降,余隙容积大,密封环磨损过大,使吸气压力升高,降温困难。在这种情况下,无论吸气压力过低和过高,都将影响压缩机制冷系统能力,使系统偏离正常工况,影响冻结或冷藏货物的品质。所以应该尽力避免吸气压力忽高忽低、有较大的波动。

(4)热负荷过大或负荷突然增加,则压缩机制冷量不够,使吸气压力过高。吸气压力的高低也反映了蒸发压力的高低,压力过高不仅达不到工艺降温要求,影响冻结质量,而且充液过多会使泵的功耗增加,压缩机湿行程可能性越大。反之,吸气压力过低,则机器制冷量降低,功耗增加,甚至空气渗入系统可能性增加。

十四、排气压力过低或过高

排气压力过低的原因有:

(1)冷凝器进水阀或水量调节阀设定值过大,冷凝水量过大。

(2)受气候/地域或采水方式影响,水温或空气温度过低会影响水冷式或风冷式冷凝器的冷凝温度,导致排气压力过低。

(3)吸入气体中含液体,压缩机湿行程。

(4)排气阀泄漏。

排气压力过高的原因有:

(1)系统混入空气或不凝气体。

(2)进入冷凝器的冷却水温度较高或冷却塔选配不合适。

(3)冷却水量不足,阀门开启过小或进水压力太低。

(4)冷凝器冷却水管污染结垢,制冷剂侧管壁积油或冷却水在冷凝器内分布不均匀。

(5)风冷式冷凝器的进风湿度偏高,风量不足。

(6)系统内制冷剂充注量过多,部分冷凝管内积液,使有效冷凝面积减少。

(7)设计施工原因使排气管道局部受阻或操作时阀门未全开。

(8)冷凝器配置传热面积偏小,负荷不匹配使排气压力过高。

排气压力忽高忽低的波动不仅影响压缩机的制冷量,而且会影响系统的冷分配能力。排气压力过高,则压缩比增大,制冷量减少,功耗增大,COP 值下降,而且排温随之增高也会影响润滑油和零部件的使用寿命。排气压力过低,会影响节流阀和蒸发器的正常工作,影响系统供液量,同样也是必须设法避免的。

十五、能量调节装置失效

在高速多缸制冷机中,为了适应制冷能力的变化,采用能量调节装置。能量调节装置主要故障为调节不灵,不能实现能量控制,引起的原因如下:

(1)油压不足,不能推动卸载机构的油活塞。当油压不足时,使卸载机构中的油活塞处于靠法兰盘一侧,气缸中所有吸气阀片被顶死,使制冷机只能空载运转而不能制冷。因此必须查明油压低的原因,调节油压达到规定的要求。

(2)推杆位置不妥,使顶杆未落入转动环斜面最凹处(这相当于吸气阀片打碎的情况),阀片行程缩小,形成阀片关不严密,直接影响制冷量的大小。故需停车调整推杆的位置,使油活塞在最深位置时,顶杆恰好在转动环斜面最凹处,或者更换失灵的油活塞弹簧。

(3)曲轴箱内有液体制冷剂时,油要起泡,油压降低。另外,制冷剂进入油活塞的油缸时,液体制冷剂蒸发,也推不动油活塞,造成卸载机构失灵。

(4)卸载机构与能量调节阀之间的油路堵塞也可能使卸载机构失灵。可在运行时松一下进油缸处的接头,若无油喷出,而其他供油都正常,则说明油路堵塞。

(5)由于在检修中,油缸未清洗干净或油中有杂质,则油活塞被杂质卡住,需要油活塞工作时,不能产生位移。

(6)由于长期自然磨损,使顶杆长度不足,而检修中又未更换,造成吸气阀片顶不死,使卸载机构不能卸载。在其他正常情况下,空载启动制冷机,如果气缸仍在进行微弱的压缩,吸气压力逐步降低,说明顶杆已磨损而变短,应予以更换。

(7)当转入自动控制时,能量调节阀的弹簧调节不妥,也能使吸气阀片工作不正常或阀片不呈卸载状况,这时应按工况重新调节。

附录
部分项目考核配分参考标准

<table>
<tr><td>科目</td><td>动力设备操作</td><td>等级</td><td>一等</td><td>职务</td><td>二、三管轮</td></tr>
<tr><td>操作题目</td><td colspan="5">活塞式空压机操作与管理</td></tr>
<tr><td>完成时间</td><td colspan="5">15 min(满分 10 分,每超时 1 min 扣 1 分)</td></tr>
<tr><td>序号</td><td colspan="3">评估要求</td><td>配分</td><td>备注</td></tr>
<tr><td rowspan="4">1</td><td rowspan="4">启动前准备</td><td colspan="2">检查空气瓶压力,决定是否需要补气</td><td rowspan="4">3</td><td></td></tr>
<tr><td colspan="2">检查电站负载是否有足够裕量,不足应及时发电并网</td><td></td></tr>
<tr><td colspan="2">曲轴箱油位检查,滴油杯油位检查</td><td>*</td></tr>
<tr><td colspan="2">启动前开启冷却水进、出口阀,(启动水泵)确认循环正常</td><td></td></tr>
<tr><td rowspan="3">2</td><td rowspan="3">启动操作</td><td colspan="2">打开卸载阀,空气瓶进气阀,盘车确认运行无阻碍后启动</td><td rowspan="3">3</td><td></td></tr>
<tr><td colspan="2">等电机转速正常,关闭卸载阀进行正常供气</td><td></td></tr>
<tr><td colspan="2">调节滴油杯滴油速率</td><td></td></tr>
<tr><td rowspan="4">3</td><td rowspan="4">运行管理</td><td colspan="2">观察是否有异常振动和噪声</td><td rowspan="4">2</td><td></td></tr>
<tr><td colspan="2">观察进气速率是否正常</td><td></td></tr>
<tr><td colspan="2">定期放残</td><td></td></tr>
<tr><td colspan="2">冷却及润滑情况</td><td></td></tr>
<tr><td rowspan="3">4</td><td rowspan="3">停机操作</td><td colspan="2">需停空压机时采取正确的卸载停机</td><td rowspan="3">2</td><td></td></tr>
<tr><td colspan="2">停机后空气瓶放残和正确停冷却水</td><td></td></tr>
<tr><td colspan="2">把有关阀门和开关恢复到初始状态</td><td></td></tr>
<tr><td colspan="4">合 计</td><td>10</td><td></td></tr>
</table>

“ * ”为关键操作,操作错误可直接判为不及格。

科目	动力设备操作		等级	一等	职务	二、三管轮
操作题目	压载水系统(离心泵)操作与管理					
序号	评估要求				配分	备注
1	启动准备工作	检查轴承壳油位(滑油润滑式),一般在 1/2 到 1/3 之间			2	
		手动盘联轴器,确认运行无阻碍				
		正确启闭相关的阀门,如离心泵的吸入水位低于泵体,则需打开引水,进行引水启动;如吸入水位高于泵体,则可以直接启动				
		如是大功率离心泵,启动时则应采取封闭启动				
2	启动运行及管理	查看其吸入压力是否正常 F 一般为-200~-300 mmHg,查看排出压力是否正常,一般和排出背压有关			4	*
		检查轴封有无异常泄漏,轴承壳有无异常发热				
		查看离心泵运行有无异常噪音和振动等				
		检查转向是否正常				
3	离心泵的工况调节	节流调节:调节排出阀的开度大小			2	
		回流调节:调节回流阀的开度大小				
		变速调节:调节电动机转速				
4	接近扫舱时的操作	吸入真空度的控制			2	
		引水量的控制				
		排出压力的控制				
合计					10	

“*”为关键操作,操作错误可直接判为不及格。

<table>
<tr><td>科目</td><td>动力设备操作</td><td>等级</td><td>一等</td><td>职务</td><td>二、三管轮</td></tr>
<tr><td>操作题目</td><td colspan="5">船舶舱底水泵(往复泵)操作</td></tr>
<tr><td>序号</td><td colspan="2">评估要求</td><td>配分</td><td>备注</td></tr>
<tr><td rowspan="4">1</td><td rowspan="4">启动前准备工作</td><td>检查并确认所需排放的污水舱的状态</td><td rowspan="4">5</td><td></td></tr>
<tr><td>正确操作需排水舱中各阀门并确认其他舱阀处于关闭状态</td><td></td></tr>
<tr><td>正确开启往复泵吸排阀及舷外排出阀</td><td>*</td></tr>
<tr><td>检查齿轮箱及曲轴箱油位、手动盘车无异常</td><td></td></tr>
<tr><td>2</td><td>启动操作</td><td>启动往复泵,确认运动部件无异常</td><td>3</td><td>*</td></tr>
<tr><td>3</td><td>运行管理</td><td>检查吸排压力表工作情况,检查各空气室,视情补、放空气,确认无油污排出舷外</td><td>1</td><td></td></tr>
<tr><td>4</td><td>停用操作</td><td>待污水舱水位排至规定要求后,用清水冲洗往复泵并停止工作,关闭相关阀门</td><td>1</td><td></td></tr>
<tr><td colspan="3">合 计</td><td>10</td><td></td></tr>
</table>

“*”为关键操作,操作错误可直接判为不及格。

科目	动力设备操作	等级	一等	职务	二、三管轮
操作题目	发电柴油机启动和停车				

序号	评估要求		配分	备注
1	启动前准备工作	检查柴油机完整性	9	*
		正确操作空压机及启动系统中各阀门		*
		正确检查滑油系统及操作相关阀门，对各润滑部位进行正确注油		*
		正确检查燃油系统及操作相关阀门，掌握系统放空气操作		*
		正确检查冷却系统及操作相关阀门		*
2	盘车与冲车	至少盘车一个工作循环以上以确认柴油机回转无卡阻，(应确认示功阀处于开启状态)后脱开盘车机并锁住	6	
		正确操作只进启动空气不进油对柴油机冲车，以驱除缸内残油、水、灰，并确认无异常后关闭各缸示功阀		
3	试车	正确操作试车，待柴油机启动成功后怠速运行数分钟，以检查柴油机运行有无异常后调节伺服开关，使柴油机达到额定转速	3	
4	确认备车完成	上述准备工作完成且无异常后，可在电站进行并车操作	2	
合　计			20	

“ * ”为关键操作，操作错误可直接判为不及格。

科目	动力设备操作	等级	一等	职务	二、三管轮
操作题目	发电柴油机运行管理				

序号	评估要求	配分	备注
1	由上至下检查路线，先观察排烟颜色，并分析导致不正常烟色的可能的原因	3	
2	进行各仪表参数检查，并会判断和分析不正常情况	5	*
3	各舱柜液位管理，并分析导致不正常现象的原因及解决方法	3	
4	柴油机外围症状检查，对异常温度、气味、泄漏等情况的正确处理	3	
5	从声响判断柴油机各部件及其装置的工作情况，并分析引起不正常声响的原因	4	
6	核对副机日志	2	
合　计		20	

“*”为关键操作，操作错误可直接判为不及格。

<table>
<tr><td>科目</td><td colspan="2">动力设备操作</td><td>等级</td><td>一等</td><td>职务</td><td>二、三管轮</td></tr>
<tr><td>操作题目</td><td colspan="6">船舶主柴油机开航前备车准备工作</td></tr>
<tr><td>序号</td><td colspan="4">评估要求</td><td>配分</td><td>备注</td></tr>
<tr><td rowspan="3">1</td><td rowspan="3">前期准备</td><td colspan="3">当接到驾驶台备车命令后，进行确认并与驾驶台联系对车钟、时钟</td><td rowspan="3">5</td><td></td></tr>
<tr><td colspan="3">增开发电柴油机并车以提供储备电力</td><td></td></tr>
<tr><td colspan="3">检查柴油机完整性</td><td></td></tr>
<tr><td rowspan="4">2</td><td rowspan="4">各系统准备</td><td colspan="3">正确操作空压机及启动系统中各阀门</td><td rowspan="4">20</td><td>*</td></tr>
<tr><td colspan="3">正确检查滑油系统及操作相关阀门，对各润滑部位进行正确注油</td><td>*</td></tr>
<tr><td colspan="3">正确检查燃油系统及操作相关阀门，掌握系统放空气</td><td>*</td></tr>
<tr><td colspan="3">正确检查冷却系统及操作相关阀门，解除暖缸，掌握系统水温调节方法</td><td>*</td></tr>
<tr><td rowspan="2">3</td><td rowspan="2">盘车与冲车</td><td colspan="3">至少盘车一个工作循环以上以确认柴油机回转无卡阻，（应确认示功阀处于开启状态）后脱开盘车机并锁住</td><td rowspan="2">5</td><td></td></tr>
<tr><td colspan="3">正确操作只进启动空气不进油对柴油机冲车，以驱除缸内残油、水、灰，并确认无异常后关闭各缸示功阀</td><td></td></tr>
<tr><td rowspan="2">4</td><td rowspan="2">试车</td><td colspan="3">正确操作正车试车，待柴油机启动成功后运行数分钟，以检查柴油机运行有无异常</td><td rowspan="2">5</td><td></td></tr>
<tr><td colspan="3">换向倒车试验，倒车试车成功无异常后换向至正车</td><td></td></tr>
<tr><td rowspan="2">5</td><td rowspan="2">确认备车完成</td><td colspan="3">上述准备工作完成且无异常后，观察空气瓶压力应处于充满状态</td><td rowspan="2">5</td><td></td></tr>
<tr><td colspan="3">正确联系驾驶台以确认备车完成</td><td></td></tr>
<tr><td colspan="5">合　计</td><td>40</td><td></td></tr>
</table>

“*”为关键操作，操作错误可直接判为不及格。

科目	动力设备操作	等级	一等	职务	二、三管轮
操作题目	船舶主柴油机启动后的参数监测与调整				

序号	评估要求	配分	得分
1	冷却水温度的要求范围与调整(一般如何调节)	4	
2	冷却水压力的检测及调节	4	
3	燃油压力、温度检测与调节	4	
4	滑油温度检测与调整(一般如何调节)	4	*
5	滑油压力的要求与调整(一般如何调节)	4	*
6	增压器增压压力、温度检查及温度调整	4	
7	柴油机排温的检查与调整(规范误差范围)	4	
8	如何进行柴油机爆压测试与调整(规范误差范围)	4	
9	说出喷油定时、爆压与排温之间的调整关系(掌握分析技巧)	4	
10	主柴油机的参数监测的间隔时间	4	
合计		40	

“*”为关键操作,操作错误可直接判为不及格。

科目	动力设备操作	等级	一等	职务	二、三管轮
操作题目	船舶柴油机定速后的巡回管理				

序号	评估要求	配分	得分
1	由上至下检查路线,先观察排烟颜色,并分析导致不正常烟色可能的原因	5	
2	选择合适的工况进行机械检查和热力检查,测试机械负荷与热负荷	7	*
3	根据所测试的结果正确分析柴油机的工况,以及解决措施	5	*
4	各舱柜液位管理,并分析导致不正常现象的原因及解决方法	5	
5	柴油机外围症状检查,对异常温度、气味、泄漏等情况的正确处理	5	
6	从声响判断柴油机各部件及其装置的工作情况,并分析引起不正常声响的原因	6	
7	集控室各仪表显示数据检查及分析	5	
8	核对轮机日志	2	
总　分		40	

“ * ”为关键操作,操作错误可直接判为不及格。

科目	动力设备操作	等级	一等	职务	二、三管轮
操作题目	船舶主柴油机完车操作				

序号	评估要求	配分	得分
1	接到驾驶台“完车”指令后，检查并确认燃油操作手柄已放在不供油位置	3	
2	开启各缸示功阀、操纵启动手柄（不供油）冲车，将气缸内残存的油、气冲出	5	
3	关闭启动空气系统的主供气阀，并将压缩空气瓶补满	5	
4	停止主海水泵工作，关闭进、出口阀	5	
5	停止燃油低压输送泵工作，关闭进、出口阀	5	
6	接上转车机转车 10~15 min，同时手摇气缸注油器向气缸壁注油润滑	5	*
7	将扫气箱、涡轮端排出管等处的放残阀打开进行放残	5	
8	主机滑油泵、淡水冷却泵、活塞冷却泵继续运行 15~30 min 后关闭，并视情转入暖缸状态	5	
9	最后检查确认主机和机舱无异常情况后，便开始停航值班	2	
总　分		40	

“ * ”为关键操作，操作错误可直接判为不及格。

<table>
<tr><td>科目</td><td>动力设备操作</td><td>等级</td><td>一等</td><td>职务</td><td>二、三管轮</td></tr>
<tr><td colspan="2">操作题目</td><td colspan="4">分油机的操作与运行管理</td></tr>
<tr><td>序号</td><td colspan="3">评估要求</td><td>配分</td><td>备注</td></tr>
<tr><td rowspan="2">1</td><td rowspan="2">启动前准备</td><td colspan="2">启动前对有关事项的检查(齿轮箱、摩擦片、高置水箱及油柜油位等)</td><td rowspan="2">2</td><td></td></tr>
<tr><td colspan="2">启动前确认各(油、水、控制空气)阀门的开闭情况</td><td></td></tr>
<tr><td rowspan="7">2</td><td rowspan="7">启动操作</td><td colspan="2">启动电动机达到额定转速(掌握分油机启动特性)</td><td rowspan="7">4</td><td></td></tr>
<tr><td colspan="2">清楚操作控制阀程序:空位→密封→补偿</td><td></td></tr>
<tr><td colspan="2">开启水封阀,引入水封水至出水口出水后关闭</td><td>*</td></tr>
<tr><td colspan="2">先开出油阀,后开进油阀,分水机进油要缓慢,分杂机进油速度要快</td><td></td></tr>
<tr><td colspan="2">合理调节沉淀柜中的加热温度(根据油种而定)</td><td></td></tr>
<tr><td colspan="2">合理调节分离量(额定分离量的 1/3 或 1/2)</td><td>*</td></tr>
<tr><td colspan="2">定期排渣一次(一般不超过 4 h,根据油类品种而定)</td><td></td></tr>
<tr><td rowspan="6">3</td><td rowspan="6">运行管理</td><td colspan="2">检查分油机是否有异常振动和噪音</td><td rowspan="6">3</td><td></td></tr>
<tr><td colspan="2">注意分油机齿轮箱油位</td><td></td></tr>
<tr><td colspan="2">检查随机泵是否有发热现象</td><td></td></tr>
<tr><td colspan="2">检查有关油、水箱柜的液位</td><td></td></tr>
<tr><td colspan="2">检查分离油的流量和温度</td><td></td></tr>
<tr><td colspan="2">检查排渣口和出水口是否有跑油现象</td><td></td></tr>
<tr><td>4</td><td colspan="3">日用柜油位达到指定位置后分油机停用,谨防溢油</td><td>1</td><td></td></tr>
<tr><td colspan="4">合 计</td><td>10</td><td></td></tr>
</table>

“＊”为关键操作,操作错误可直接判为不及格。

科目	动力设备操作	等级	一等	职务	二、三管轮
操作题目	辅锅炉点火、升汽				

序号	评估要求	配分	备注
1	锅炉运行前必须先检查锅炉水位及各部件、各机电设备的工作是否正常，各阀件开关位置是否正确，电力和气源供应是否正常	2	*
2	打开锅炉顶部的空气阀	2	
3	冷炉时应用轻柴油进行启动	2	
4	将调制开关选在“手动”位置，燃烧速率控制器位于“低”，按下复位按钮后，将燃烧器控制开关转至“开”位置	2	*
5	锅炉点火使锅炉进行暖炉	2	
6	将各控制开关转至“自动”，并将报警系统开关转至“接通”，按下“启动”按钮启动锅炉	2	
7	空气阀有蒸汽出来后应关闭，并关闭压力表泄放阀	2	
8	在升汽过程中应多次冲洗水位计	2	
9	当压力达到额定工作压力后应进行上排污一次，冲洗水位计	2	
10	开供汽阀和暖管，开蒸汽系统泄水阀，当有大量蒸汽冲出时关闭之，此时即可对外供汽	2	
合　计		20	

“*”为关键操作，操作错误可直接判为不及格。

科目	动力设备操作	等级	一等	职务	二、三管轮
操作题目	辅锅炉点火前的准备工作				

序号	评估要求	配分	备注
1	检查锅炉四周是否有杂物,特别是易燃易爆的物品	2	
2	检查热水井水质和水位	2	*
3	检查水位计是否完好无损,表面是否清晰透明,开启通汽阀和通水阀,关闭冲洗阀	2	
4	检查日用油柜油位、油温,放除油柜中的残水,打开燃油出口阀、进油阀及回油阀,检查油路是否存在泄漏现象	2	
5	手动启动风机,检查运转是否正常,然后停止风机运转	2	
6	打开液位自动控制仪的高、低水位阀,关闭放残阀	2	
7	检查锅炉的上、下排污阀,调节阀以及取水样阀是否关闭	2	
8	打开空气阀、通压力表阀、通压力继电器阀以及给水压力表和蒸汽压力表的管路上的截止阀,使仪表盘上的各仪表处于待用状态	2	
9	关闭主供气阀,关闭后反向旋转 1/4~1 周,以防遇热抱死	2	*
10	手动向锅炉供水至水位计最低水位以上,然后将锅炉给水泵控制手柄打在“自动”位置,使其处在自动控制状态	2	
总分		20	

“ * ”为关键操作,操作错误可直接判为不及格。

<table>
<tr><td>科目</td><td>动力设备操作</td><td>等级</td><td>一等</td><td>职务</td><td>二、三管轮</td></tr>
<tr><td>操作题目</td><td colspan="5">辅锅炉运行管理</td></tr>
</table>

序号	评估要求	配分	备注
1	锅炉本体是否有渗漏现象	1	
2	经常检查附属装置是否有渗漏现象	1	
3	经常检查各系统及其附件工作是否正常	1	
4	经常检查和观察各仪表所指示的参数是否正确	2	
5	按时依正确的操作程序冲洗水位表和叫水	3	*
6	按时依正确的操作程序进行排污	3	
7	注意观察火焰和排烟的颜色判断燃烧情况,并作必要而正确的调整	2	
8	注意观察凝水柜中是否有油,并作必要而正确的处理	2	
9	定时进行炉水化验和投药处理	2	
10	密切注意安全阀的工作状态,当其开启后,在规定时间内气压仍超过标准,则应立即停炉,查明原因并排除;当气压降低量超过规定值时,安全阀仍不能关闭,亦应停炉检查其原因并排除	3	
合计		20	

“*”为关键操作,操作错误可以直接判为不及格。

<table>
<tr><td>科目</td><td>动力设备操作</td><td>等级</td><td>一等</td><td>职务</td><td>二、三管轮</td></tr>
<tr><td>操作题目</td><td colspan="5">油水分离器的操作和运行管理</td></tr>
<tr><td>序号</td><td colspan="3">评估要求</td><td>配分</td><td>得分</td></tr>
<tr><td rowspan="8">2</td><td rowspan="8">启动后的运行管理</td><td rowspan="4">使分离筒内充满清水</td><td>打开清水阀,打开上、下排阀和放气阀,确认其他阀均关闭</td><td rowspan="4">1</td><td></td></tr>
<tr><td>打开电源开关,将自动/手动开关位于手动位置</td><td></td></tr>
<tr><td>按下启动按钮,待阀中有水流出时,分别关闭各阀</td><td></td></tr>
<tr><td>待放气阀出水时,按下停止按钮并关闭放气阀</td><td></td></tr>
<tr><td rowspan="4">启动分离器</td><td>将自动/手动开关置于自动位置</td><td rowspan="4">3</td><td>*</td></tr>
<tr><td>打开舷外排出阀和污油排放阀</td><td>*</td></tr>
<tr><td>打开油分浓度报警器电源开关</td><td>*</td></tr>
<tr><td>按下启动按钮,油水分离器启动运行</td><td>*</td></tr>
<tr><td rowspan="7">1</td><td rowspan="7">启动</td><td rowspan="4">启动后的常规检查</td><td>检查油分浓度器,确保排出污水中的含油量小于15 ppm</td><td rowspan="4">2</td><td></td></tr>
<tr><td>检查吸入压力,其值在0~0.05 MPa内波动</td><td></td></tr>
<tr><td>检查排出压力</td><td></td></tr>
<tr><td>检查泵的工作情况</td><td></td></tr>
<tr><td rowspan="3">启动的运行管理</td><td>正常运行后应定时对常规检查项目进行检查</td><td rowspan="3">1</td><td>*</td></tr>
<tr><td>当油分浓度报警器报警时进行处理</td><td>*</td></tr>
<tr><td>当分离效果不佳时,应采取的措施</td><td>*</td></tr>
<tr><td rowspan="5">3</td><td colspan="2" rowspan="5">油水分离器的停止操作</td><td>当舱底水打空或进入禁排区时,应立即停止排放</td><td rowspan="5">2</td><td></td></tr>
<tr><td>按下停止按钮,关闭排出阀</td><td></td></tr>
<tr><td>进行排尽分离筒内残油操作</td><td></td></tr>
<tr><td>进行反向冲洗操作</td><td></td></tr>
<tr><td>关闭总电源,同时关闭油水分离器清水阀,操作完毕</td><td></td></tr>
<tr><td>4</td><td colspan="3">详细记录油类记录簿</td><td>1</td><td></td></tr>
<tr><td colspan="4">合 计</td><td>10</td><td></td></tr>
</table>

“*”为关键操作,操作错误可直接判为不及格。

<table>
<tr><td>科目</td><td colspan="2">动力设备操作</td><td>等级</td><td>一等</td><td>职务</td><td>二、三管轮</td></tr>
<tr><td>操作题目</td><td colspan="6">造水机的操作与管理</td></tr>
<tr><td>序号</td><td colspan="4">评估要求</td><td>配分</td><td>备注</td></tr>
<tr><td rowspan="4">1</td><td rowspan="4">启动前准备</td><td colspan="3">检查装置所属的机电设备、附件和仪表是否完好</td><td rowspan="4">2</td><td></td></tr>
<tr><td colspan="3">检查各连接件的接头处的紧密性</td><td></td></tr>
<tr><td colspan="3">检查所有阀门是否完好</td><td></td></tr>
<tr><td colspan="3">检查外接电源是否畅通</td><td></td></tr>
<tr><td rowspan="8">2</td><td rowspan="8">启动操作</td><td colspan="3">关闭真空破坏阀、底部排泄阀、凝水泵出口阀和给水调节阀</td><td rowspan="8">4</td><td></td></tr>
<tr><td colspan="3">打开海水系统中的截止阀,启动海水泵</td><td></td></tr>
<tr><td colspan="3">调节旁通阀,使压力表指针到 0.4 MPa 左右,流量计为 5.6 t/h 左右</td><td></td></tr>
<tr><td colspan="3">打开抽气管路和浓盐水管路上的单向阀,装置开始抽真空,装置内真空度达到-0.09 MPa 左右约需 10 min 保持不下降,否则,装置漏气</td><td>*</td></tr>
<tr><td colspan="3">当装置内真空度达到-0.093 MPa 时,缓慢打开给水阀,通过观察孔观察,水位应在正常位置</td><td></td></tr>
<tr><td colspan="3">打开热水阀,供热水;并使流量和温度控制在合适的范围内</td><td></td></tr>
<tr><td colspan="3">运行 10 min 左右,启动凝水泵,确保凝水泵出口有一定的正压力</td><td></td></tr>
<tr><td colspan="3">打开盐度计,打开淡水管路上的阀门,观察淡水流量计</td><td></td></tr>
<tr><td rowspan="4">3</td><td rowspan="4">运行管理</td><td colspan="3">应严格控制给水量(给水量应控制在造水机的 3~4 倍)</td><td rowspan="4">3</td><td>*</td></tr>
<tr><td colspan="3">凝水泵出口应保持一定的正压,运行过程中要控制凝水水位</td><td></td></tr>
<tr><td colspan="3">控制造水量</td><td></td></tr>
<tr><td colspan="3">控制真空度</td><td></td></tr>
<tr><td rowspan="3">4</td><td rowspan="3">停用操作</td><td colspan="3">关闭给水阀、抽气管路和抽浓盐水管路上的单向阀,停热水,关热水泵</td><td rowspan="3">1</td><td></td></tr>
<tr><td colspan="3">停海水泵,关闭海水管路上的阀门</td><td></td></tr>
<tr><td colspan="3">开启真空破坏阀,卸除真空</td><td></td></tr>
<tr><td colspan="5">合 计</td><td>10</td><td></td></tr>
</table>

“*”为关键操作,操作错误可直接判为不及格。

科目	动力设备操作	等级	一等	职务	轮机长、大管轮
操作题目	压缩压力测量				

序号	评估要求	配分	备注
1	爆压表的正确认识	5	
2	分析爆压表测取的数值与缸内实际爆压的误差	5	
3	根据不同机型进行单缸停油	5	
4	正确使用爆压表测取各缸压缩压力	10	*
5	正确分析所测的数据及提出正确的解决方法	10	*
6	正确地记录轮机日志	5	
总分		40	

“*”为关键操作，操作错误可直接判为不及格。

科目	动力设备操作	等级	一等	职务	轮机长、大管轮
操作题目	最大爆压测量				

序号	评估要求	配分	备注
1	爆压表的正确认识	5	
2	分析爆压表测取的数值与缸内实际爆压的误差	5	
3	正确适用爆压表测取各缸最大爆压	15	*
4	正确分析所测的数据及提出正确的解决方法	10	*
5	正确地记录轮机日志	5	
总　分		40	

“*”为关键操作,操作错误可直接判为不及格。

<table>
<tr><td>科目</td><td colspan="2">动力设备操作</td><td>等级</td><td>一等</td><td>职务</td><td colspan="2">轮机长、大管轮</td></tr>
<tr><td>操作题目</td><td colspan="7">柴油机示功图的测录与分析</td></tr>
<tr><td>序号</td><td colspan="4">评估要求</td><td colspan="2">配分</td><td>备注</td></tr>
<tr><td rowspan="6">1</td><td rowspan="6">正确上好示功纸，调整好压针螺钉，拉好大气压力线</td><td colspan="3">正确选取示功器的活塞、弹簧</td><td rowspan="6" colspan="2">10</td><td>*</td></tr>
<tr><td colspan="3">比例尺</td><td></td></tr>
<tr><td colspan="3">确定示功纸的正反面</td><td></td></tr>
<tr><td colspan="3">调整好压针螺钉</td><td></td></tr>
<tr><td colspan="3">正确安装示功纸并拉紧</td><td></td></tr>
<tr><td colspan="3">拉出大气压力线</td><td></td></tr>
<tr><td rowspan="3">2</td><td rowspan="3">给气缸吹灰，安装示功器</td><td colspan="3">打开第一缸示功阀，利用缸内压力气体把阀件中的灰垢吹掉，然后关闭示功阀</td><td rowspan="3" colspan="2">10</td><td></td></tr>
<tr><td colspan="3">正确安装示功器并上紧</td><td></td></tr>
<tr><td colspan="3">依次逐只缸检测</td><td></td></tr>
<tr><td rowspan="4">3</td><td rowspan="4">拉出示功图，图形在示功纸的中部并有适当的宽度</td><td colspan="3">打开示功阀</td><td rowspan="4" colspan="2">10</td><td></td></tr>
<tr><td colspan="3">用手指轻轻按住压针螺钉</td><td></td></tr>
<tr><td colspan="3">根据柴油机转速，以适当的速度拉动示功器上的转桶线，使示功图在示功纸上的图形有适当的宽度</td><td></td></tr>
<tr><td colspan="3">依次逐只缸检测</td><td></td></tr>
<tr><td rowspan="3">4</td><td rowspan="3">对燃烧状态进行分析，并判断出可能的故障原因</td><td colspan="3">用比例尺量出最大爆压</td><td rowspan="3" colspan="2">10</td><td></td></tr>
<tr><td colspan="3">标出大气压力线、发火点和最大爆压点</td><td></td></tr>
<tr><td colspan="3">依次逐只缸进行分析</td><td>*</td></tr>
<tr><td colspan="5">合　计</td><td colspan="2">40</td><td></td></tr>
</table>

“*”为关键操作，操作错误可直接判为不及格。

<table>
<tr><td>科目</td><td>动力设备操作</td><td>等级</td><td>一等</td><td>职务</td><td colspan="2">轮机长、大管轮</td></tr>
<tr><td>操作题目</td><td colspan="6">舵机的启动与停用</td></tr>
<tr><td>序号</td><td colspan="3">评估要求</td><td></td><td>配分</td><td>备注</td></tr>
<tr><td rowspan="3">1</td><td rowspan="3">舵机启动前准备工作</td><td colspan="3">检查油箱液位,确保液位在 2/3 左右</td><td rowspan="3">8</td><td></td></tr>
<tr><td colspan="3">检查舵机各运功部件活动范围内有无阻碍物,各阀门位置是否正确,并向各油环注油或加油</td><td></td></tr>
<tr><td colspan="3">检查电气设备,启动油泵工作,检查是否漏油、油压是否正常</td><td></td></tr>
<tr><td rowspan="3">2</td><td rowspan="3">操舵试验</td><td colspan="3">手动试舵:0°-左 30°-右 30°-0°是否正常</td><td rowspan="3">9</td><td>*</td></tr>
<tr><td colspan="3">远操试舵:0°-左 5°(右 5°)-15°左(右)-25°左(右)-30°左(右)</td><td>*</td></tr>
<tr><td colspan="3">检查舵角指示器与实际舵角是否相符</td><td>*</td></tr>
<tr><td rowspan="4">3</td><td rowspan="4">运行管理</td><td colspan="3">注意液压舵机的系统油压、油温、油箱液位是否正常</td><td rowspan="4">9</td><td></td></tr>
<tr><td colspan="3">不应有不正常的噪音和撞击声,密封处不得漏油</td><td></td></tr>
<tr><td colspan="3">工作电压是否正常,各轴承是否发热</td><td></td></tr>
<tr><td colspan="3">各摩擦部分的润滑情况</td><td></td></tr>
<tr><td rowspan="2">4</td><td rowspan="2">停用操作</td><td colspan="3">停用后,使舵叶处在正舵位置</td><td rowspan="2">4</td><td></td></tr>
<tr><td colspan="3">冷却水泵继续循环,待油温下降后关闭</td><td></td></tr>
<tr><td colspan="5">合 计</td><td>30</td><td></td></tr>
</table>

“*”为关键操作,操作错误可直接判为不及格。

<table>
<tr><td>科目</td><td colspan="2">动力设备操作</td><td>等级</td><td>一等</td><td>职务</td><td>轮机长、大管轮</td></tr>
<tr><td>操作题目</td><td colspan="6">舵机操舵试验与调整</td></tr>
<tr><td>序号</td><td colspan="4">评估要求</td><td>配分</td><td>备注</td></tr>
<tr><td rowspan="5">1</td><td rowspan="5">舵机操舵试验</td><td colspan="3">开航前会同驾驶台一起进行试舵,先后向左右 5°、15°、25°、35°做操舵试验</td><td rowspan="5">10</td><td></td></tr>
<tr><td colspan="3">舵叶转动应连续无明显滞舵现象</td><td></td></tr>
<tr><td colspan="3">转舵时间应符合要求</td><td></td></tr>
<tr><td colspan="3">任何位置都不应有跑舵现象</td><td></td></tr>
<tr><td colspan="3">舵角指示器的指示舵角与实际舵角偏差不大于 1°,正舵无偏差</td><td></td></tr>
<tr><td rowspan="6">2</td><td rowspan="6">舵机调整(以浮动杠杆追随机构为例)</td><td colspan="3">当随动舵的实际舵角与驾驶台指令舵角零位不符时,应进行调整</td><td rowspan="6">18</td><td>*</td></tr>
<tr><td colspan="3">把舵机选择开关转到舵机房控制位置。启动右油泵,使舵处于零度舵角上</td><td>*</td></tr>
<tr><td colspan="3">停止右油泵,拔出螺杆与受动器之间的销钉,使螺杆与受动器脱开</td><td></td></tr>
<tr><td colspan="3">转动螺杆手轮,使螺杆上的滑块处于中间位置</td><td></td></tr>
<tr><td colspan="3">检查主杠杆与拉杆是否垂直,如不垂直可调节追随杆或操作杆上的螺母,正确调整至垂直</td><td></td></tr>
<tr><td colspan="3">逐个启动油泵,若舵不偏转,说明该油泵已处于零位;若舵偏转,判断其原因并正确调节</td><td></td></tr>
<tr><td>3</td><td>调整后效用试验</td><td colspan="3">启动油泵,做效用试验</td><td>2</td><td></td></tr>
<tr><td colspan="5">总　分</td><td>30</td><td></td></tr>
</table>

“*”为关键操作,操作错误可直接判为不及格。

科目	动力设备操作	等级	一等	职务	轮机长、大管轮
操作题目	舵机系统日常管理				

序号	评估要求	配分	备注
1	检查油箱液位,确保液位在 2/3 左右,如发现油位增高,及时查明原因并排除	4	
2	应保持油温在 30~50 ℃,一般不应超过 60 ℃	4	
3	注意工作油压不高于标定油压	4	*
4	保持各滑动表面的清洁和润滑	3	
5	注意检查油箱、油缸和各阀件及管路接头等处是否有泄漏	4	
6	如有异常声响或过大噪音应立即查明原因,并提出解决方法	4	*
7	检查油泵及电机有否过热现象,注意轴承部位的温度,一般比油温高 10~20 ℃为正常	4	
8	检查各放气阀、旁通阀和截止阀以及各固定、连接螺帽,防止因振动而松动	3	
总分		30	

“*”为关键操作,操作错误可直接判为不及格。

科目	动力设备操作	等级	一等	职务	轮机长、大管轮
操作题目	制冷装置启、停操作				
序号	评估要求			配分	备注
1	启动前准备工作	检查压缩机曲轴箱油位在刻度线之间		10	
		检查储液器中制冷剂液位(在全部回收状态下应为3/4左右)			
		正确开启空调冷却水泵的阀门,启动冷却水,确认循环良好			
		开启贮液器出口阀,压缩机的排出截止阀,稍开吸入截止阀,手动盘压缩机,确认运行无障碍			
		检查油压表,高低压表各接头是否正常			
		检查并启动空调风机			
2	正确启动	合上电源,启动压缩机		5	
		缓慢开足压缩机吸入截止阀,防止液击			*
3	运行管理	检查压缩机是否有异常的振动与噪音		10	
		观察滑油压力、吸入压力、排出压力是否正常			
		观察制冷效果是否正常			
		观察蒸发器后端(压缩机吸入管),如是高温库应有结露现象			
		待上述工况均正常后把手柄转为自动			
4	停用操作	长期停用:先关闭贮液器出口阀,待压缩机运行至低压停车(必要时短接低压继电器),以回收系统制冷剂		5	*
		关闭压缩机吸排截止阀			
		最后停风机和水泵,切断电源			
合计				30	

“*”为关键操作,操作错误可直接判为不及格。

科目		动力设备操作	等级	一等	职务	轮机长、大管轮
操作题目		制冷装置更换干燥过滤器				
序号	评估要求				配分	备注
1	基本知识	口述干燥剂的成分：常用氟利昂制冷装置的干燥剂为硅胶，其主要成分为二氧化硅，为了判断其含水量，常加掺染色剂			5	
2	更换前的准备工作	关储液器出口阀			10	
		启动压缩机抽取系统制冷剂				
		等低压停机后切断电源，使供液电磁阀失电关闭				*
		拆下干燥器，做好记号，拆下干燥器端盖				
3	分析、判断及正确填充干燥剂	浅蓝色变为红色或褐色则失效。如浅粉红色则在160 ℃的高温缓慢烘后再筛滤，还可回收使用			10	
		加装时注意滤网质量，以防粉尘吸入系统；检查两端垫床质量，以防运行时制冷剂泄漏				*
4	安装与检验	接好干燥器后松开供液电磁阀前的管子接头，稍开储液器出口阀，直供液阀前接头有结霜现象，再旋紧管子接头，以驱除干燥器中不凝性气体			5	
		开启储液器出口阀，恢复电源，系统恢复工作				
合　计					30	

“ * ”为关键操作，操作错误可直接判为不及格。

<table>
<tr><td>科目</td><td colspan="2">动力设备操作</td><td>等级</td><td>一等</td><td>职务</td><td colspan="2">轮机长、大管轮</td></tr>
<tr><td>操作题目</td><td colspan="7">制冷装置的检漏操作</td></tr>
<tr><td>序号</td><td colspan="5">评估要求</td><td>配分</td><td>备注</td></tr>
<tr><td rowspan="4">1</td><td rowspan="4">检漏基本知识</td><td colspan="4">进行检漏操作时,制冷间应开窗通风</td><td rowspan="4">10</td><td></td></tr>
<tr><td colspan="4">不同的制冷剂有不同的检漏方法</td><td></td></tr>
<tr><td colspan="4">氨具有强烈的刺激臭味,泄漏容易发觉,可采用肥皂水检漏,也可利用酚酞试纸由蓝到红特性检漏</td><td></td></tr>
<tr><td colspan="4">氟利昂无色无味,渗透性强,而且溶油性强,可根据油迹判断该处有漏</td><td></td></tr>
<tr><td rowspan="4">2</td><td rowspan="4">具体检漏方法</td><td colspan="4">皂液检漏不可在温度低于 0 ℃的部位使用,对低压管路细微泄漏也不适用</td><td rowspan="4">18</td><td>*</td></tr>
<tr><td colspan="4">卤素灯检漏工作原理:适用于含氯元素的氟利昂。随着氟利昂浓度超过 5%~10%时与炽热的铜片反应,火焰颜色发生变化:浅蓝色-浅绿色-藻绿色—亮蓝色-熄灭。R134a 不能用卤素灯检漏</td><td>*</td></tr>
<tr><td colspan="4">卤素灯的操作:铜片应保持清洁,检漏灯用完后调节阀不要关得太紧,火焰高度刚好在铜片之下为宜</td><td></td></tr>
<tr><td colspan="4">电子检漏仪检漏:利用铂金电极加热至 800~900 ℃,引起氟利昂电离产生电流,其对含氯的氟利昂灵敏度很高</td><td></td></tr>
<tr><td>3</td><td colspan="5">发现泄漏处后的处理</td><td>2</td><td></td></tr>
<tr><td colspan="6">合　计</td><td>30</td><td></td></tr>
</table>

“*”为关键操作,操作错误可直接判为不及格。

<table>
<tr><td>科目</td><td>动力设备操作</td><td>等级</td><td>一等</td><td>职务</td><td>轮机长、大管轮</td></tr>
<tr><td>操作题目</td><td colspan="5">热力膨胀阀的调试</td></tr>
</table>

<table>
<tr><td>序号</td><td colspan="2">评估要求</td><td>配分</td><td>备注</td></tr>
<tr><td rowspan="5">1</td><td rowspan="3">清楚热力膨胀阀在制冷装置中的功用及判断调节膨胀阀的依据</td><td>其开度大小控制了制冷量的大小，制冷量的大小影响温饱感应处的过热度大小，过热度大小又影响膨胀阀的开度大小</td><td rowspan="5">10</td><td>*</td></tr>
<tr><td>压缩机吸入管结霜严重</td><td></td></tr>
<tr><td>过热度太高</td><td></td></tr>
<tr><td colspan="2">一台制冷装置选取了固定通径的热力膨胀阀，其属于自动控制元件，一般情况下无须调节，其最佳过热度以 3°～6°为宜</td><td></td></tr>
<tr><td colspan="2">如要调试需在装置运转且工况稳定时进行</td><td>*</td></tr>
<tr><td rowspan="6">2</td><td rowspan="6">调试前应检查</td><td>制冷剂是否充足</td><td rowspan="6">6</td><td></td></tr>
<tr><td>冷凝压力是否在合适范围</td><td></td></tr>
<tr><td>阀安装是否正确</td><td></td></tr>
<tr><td>阀及管路有无堵塞</td><td></td></tr>
<tr><td>蒸发器结霜是否太厚</td><td></td></tr>
<tr><td>风机通风是否良好</td><td></td></tr>
<tr><td rowspan="2">3</td><td colspan="2">每次调节一般以关闭过热度增减不超过 0.5°为宜。一般调节一圈过热度变化为 1°～1.5°，因此每次调节不超过 1/3～1/2 圈</td><td rowspan="2">7</td><td></td></tr>
<tr><td colspan="2">每次调节后需稳定，一般时间小型装置 20 min，大型装置 40 min，观察效果是否良好后方可进行下一次调节</td><td></td></tr>
<tr><td rowspan="3">4</td><td rowspan="3">调试效果良好的判断</td><td>对应的饱和压力所对应的饱和温度与实测温度的差值即过热度最佳在 3°～6°</td><td rowspan="3">7</td><td></td></tr>
<tr><td>高温度蒸发器出口管有结露现象</td><td></td></tr>
<tr><td>低温度蒸发器出口管有结霜现象</td><td></td></tr>
<tr><td colspan="3">合 计</td><td>30</td><td></td></tr>
</table>

“*”为关键操作，操作错误可直接判为不及格。

科目	动力设备操作	等级	一等	职务	轮机长、大管轮
操作题目	制冷装置融霜操作				
序号	评估要求			配分	备注
1	制冷装置融霜的方式	明确结霜危害及结霜位置		6	*
		电热融霜			
		热气水融霜			
		外喷热水式融霜			
2	顺流融霜操作指定1号库为例，2号库类推	在制冷系统正常工作的情况下，关闭1号库供液阀		12	
		关闭1号库的回气阀			
		打开1号库融霜阀			
		打开1号库融霜回液阀			
		视情调节冷凝器进口阀			
		正确操作停止融霜，恢复制冷			*
3	逆流融霜操作以指定1号库为例，2号库类推	在制冷系统正常工作的情况下，关闭1号库供液阀		12	
		关闭1号库的回气阀			
		打开1号库热力膨胀阀的旁通阀及融霜回液阀			
		打开1号库融霜阀			
		如果没有融霜回液阀如何操作			
		视情调节冷凝器进口阀			
		停止融霜，恢复制冷			
合计				30	

“*”为关键操作，操作错误可直接判为不及格。

<table>
<tr><td>科目</td><td>动力设备操作</td><td>等级</td><td>一等</td><td>职务</td><td>轮机长、大管轮</td></tr>
<tr><td>操作题目</td><td colspan="5">制冷装置放不凝性气体的操作</td></tr>
<tr><td>序号</td><td colspan="2">评估要求</td><td>配分</td><td colspan="2">备注</td></tr>
<tr><td rowspan="3">1</td><td rowspan="3">不凝性气体进入系统的危害</td><td>空气的存在会影响传热</td><td rowspan="3">7</td><td colspan="2"></td></tr>
<tr><td>会使排气压力、排气温度升高,增加压缩功耗</td><td colspan="2">*</td></tr>
<tr><td>严重时系统无法工作</td><td colspan="2"></td></tr>
<tr><td rowspan="4">2</td><td rowspan="4">排除步骤</td><td>关闭储液器出口阀</td><td rowspan="4">18</td><td colspan="2"></td></tr>
<tr><td>启动压缩机,把系统中的制冷剂连同凝性气体一起压入冷凝器中,然后停压缩机</td><td colspan="2"></td></tr>
<tr><td>继续向冷凝器供循环冷凝水,以使制冷剂充分凝结,直至冷凝器压力不再下降为止</td><td colspan="2"></td></tr>
<tr><td>打开冷凝器顶部放空气阀,让气体流出几秒钟即关,停片刻再重复一次,注意排出压力表直至接近水温所对应的制冷剂饱和压力</td><td colspan="2">*</td></tr>
<tr><td>3</td><td colspan="2">投入运转检查实际效果</td><td>5</td><td colspan="2"></td></tr>
<tr><td colspan="3">合 计</td><td>30</td><td colspan="2"></td></tr>
</table>

“*”为关键操作,操作错误可直接判为不及格。

<table>
<tr><td>科目</td><td colspan="2">动力设备操作</td><td>等级</td><td>一等</td><td>职务</td><td>轮机长、大管轮</td></tr>
<tr><td>操作题目</td><td colspan="6">制冷装置补充制冷剂操作</td></tr>
<tr><td>序号</td><td colspan="2">评估要求</td><td>配分</td><td>备注</td></tr>
<tr><td rowspan="4">1</td><td rowspan="4">利用吸入多用通道加制冷剂</td><td>检查制冷装置的制冷剂量</td><td rowspan="4">6</td><td>*</td></tr>
<tr><td>判断制冷剂的牌号</td><td></td></tr>
<tr><td>找到本装置加制冷剂的端口</td><td></td></tr>
<tr><td>明确钢瓶放置角度，并正确接上加剂管</td><td></td></tr>
<tr><td rowspan="3">2</td><td rowspan="3">正确对加剂管驱气</td><td>使加剂管与吸入多用端口处于不接紧状态</td><td rowspan="3">6</td><td></td></tr>
<tr><td>确认吸入三通阀处于全开状态</td><td></td></tr>
<tr><td>微开钢瓶出口阀，利用钢瓶内高压制冷剂对加剂管驱空气后拧紧加剂管接头</td><td></td></tr>
<tr><td rowspan="3">3</td><td rowspan="3">使三通阀处于正确位置</td><td>旋上三通阀至中位，适当打开钢瓶出口阀开度</td><td rowspan="3">6</td><td></td></tr>
<tr><td>压缩机处于运行状态</td><td></td></tr>
<tr><td>观察压力表</td><td>*</td></tr>
<tr><td rowspan="3">4</td><td rowspan="3">正确判断加制冷剂的数量</td><td>通过液位镜判断</td><td rowspan="3">6</td><td></td></tr>
<tr><td>通过称重判断</td><td></td></tr>
<tr><td>通过压力表判断</td><td></td></tr>
<tr><td rowspan="6">5</td><td rowspan="6">充剂完毕阀件转换及复位正确操作</td><td>关闭钢瓶出口阀</td><td rowspan="6">6</td><td></td></tr>
<tr><td>待加剂管抽到微冷状态</td><td></td></tr>
<tr><td>把三通阀全开</td><td></td></tr>
<tr><td>旋出加剂管</td><td></td></tr>
<tr><td>做效用试验</td><td></td></tr>
<tr><td>收拾好工具和钢瓶</td><td></td></tr>
<tr><td colspan="3">合　计</td><td>30</td><td></td></tr>
</table>

“*”为关键操作，操作错误可直接判为不及格。

科目	动力设备操作	等级	一等	职务	轮机长、大管轮
操作题目	制冷装置补充冷冻机油操作				

序号	评估要求		配分	备注
1	利用多用通道加滑油,并接上加液管	检查冰机曲轴箱油量	6	
		说出小于液位镜的 1/3 时,须补充滑油至 1/2		
		找到本实验室冰机加滑油的地方		*
		确定打开加液口螺帽不会泄放出制冷剂,即三通阀处于最下位		
		找到加液管(1分),接上并且上紧加液管		
2	利用多用通道正确对加液管驱气	检查冷却水系统,并确定水系统阀门已开启	6	
		启动冷却水泵		
		检查压缩机进、出口阀门,并确认出口阀门已全开		
		微关三通阀,使阀处于接近中位		
		让氟利昂气体从加液管中流出,用手感觉氟利昂气体的凉意		
		用手指闷住加液管口		
3	使三通阀处于正确位置,抽真空	用手指闷住加液管口,关三通阀,使其处于最上位置,即把系统吸入口关闭	6	*
		启动压缩机		
		观察吸入压力表		
		压力表指针达到零以下时(真空度不要太大)停压缩机		
4	正确加滑油到达规定的数量	把用手指闷住的加液管口插入冷冻机油里,松开手指	7	
		利用吸入管及油底壳的真空度,自动把油吸入,观察油底壳液位镜(2分),直到液位接近 1/2 位置时,迅速使三通阀处于最下位置(5分)		
5	阀件转换正确,操作熟练	旋下加液管	5	
		把加液管中的冷冻机油沥尽		
		盖上多用通道口的螺帽,并上紧		
		把加液管及加液口上的冷冻机油擦拭干净		
		收拾好工具和冷冻机油		
合 计			30	

“ * ”为关键操作,操作错误可直接判为不及格。

<table>
<tr><td>科目</td><td colspan="2">动力设备操作</td><td>等级</td><td>一等</td><td>职务</td><td>轮机长、大管轮</td></tr>
<tr><td>操作题目</td><td colspan="6">制冷装置温度继电器的调整</td></tr>
<tr><td>序号</td><td colspan="2">评估要求</td><td>配分</td><td>备注</td></tr>
<tr><td rowspan="4">1</td><td rowspan="4">温度继电器在制冷装置中的作用</td><td>温度继电器是通过感受温度变化而动作,控制温度范围的电开关</td><td rowspan="4">10</td><td></td></tr>
<tr><td>温度继电器通常与供液电磁阀配合使用,用以控制冷库温度</td><td>*</td></tr>
<tr><td>当库温下降至调定值下限时,其触头断开,关闭供液电磁阀,停止制冷剂进入该冷库的蒸发器,使库温不再下降</td><td></td></tr>
<tr><td>反之,当库温上升至调定值上限时,其触头闭合,打开供液电磁阀,制冷剂进入该冷库的蒸发器制冷</td><td></td></tr>
<tr><td rowspan="5">2</td><td rowspan="5">温度继电器的调整</td><td>根据库温要求,转动主调弹簧螺钉或旋钮调节库温低限值(从温度标尺上读得)</td><td rowspan="5">20</td><td></td></tr>
<tr><td>调节幅差弹簧的预压缩力(调节冷库温度的高限值)</td><td></td></tr>
<tr><td>高限值等于低限值加幅差值,一般幅差值为 3~5 ℃</td><td>*</td></tr>
<tr><td>所调节幅差为继电器动作的“机械幅差”</td><td></td></tr>
<tr><td>实际使用中应根据实际工作幅差来进行调整</td><td></td></tr>
<tr><td colspan="3">总 分</td><td>30</td><td></td></tr>
</table>

“*”为关键操作,操作错误可直接判为不及格。

参考文献

[1] 徐合力,甘念重. 轮机实操与评估. 武汉:武汉理工大学出版社,2006.
[2] 朱建元. 船舶柴油机. 北京:人民交通出版社,2008.
[3] 黄步松,吕凤明. 船舶柴油机. 北京:人民交通出版社,2009.
[4] 费千. 船舶辅机. 大连:大连海事大学出版社,2008.